卓越人生的十個感動

10位人生導航教練X影響人生至深的100句名言

文／郭語慈、謝兆豐、詹佳誠、蔡英杰、牟伯鴻、阮侑宸、郭詩銘、林裕翔、陳心琳

統籌／卓天仁

總召集／林靖瑞

Contents

目錄

將更多人的才華
讓世界知道

　　我有一個夢想，也是一直努力的目標，那就是：將更多人的才華，讓世界知道。

　　如果說我有什麼優點？我想凡事正面樂觀思考，應該可以說是幫助我最多的一個人格特質。

　　老朋友們都知道我們夫妻出身微寒，白手創業的故事，感謝我總是能自我激勵，吃苦當吃補。說實在的，回首從負到正，從無到有的過往，我還真不覺得辛苦，不是場面話，能夠有今天真的是非常的感恩。

扶輪社友打開人生另一個視窗

　　我非常喜歡我們扶輪社的一首歌：「這是咱的扶輪社」。

這是咱的扶輪社 （黃建銘／詞曲創作人）

感謝天，感謝地，感謝大家！
用真情甲鼓勵將阮栽培，
愛珍惜每一個付出的機會。
人生難得，有緣來作伙，
這是咱的扶輪社，什麼人才攏置遮，
為著理想，活出新的生命。
這是咱的扶輪社，什麼困難攏毋驚，
扶輪這條路，咱用心做陣行。

將更多人的才華，讓世界知道──林靖瑞

每次哼唱這首歌，都覺得很快樂、很充實、
很感動，就像唱著自己。參與成為扶輪社員，對
我的人生有很大的影響。

扶輪社友大多是社會金字塔中的頂尖族群，
每個人都是各行各業的領導者，但在社裡，沒有
階級、沒有高低、不分你我，大家都是來學習，
來貢獻的。

年長的長輩常說一句話：「進來學習，出去
服務。」加入扶輪社10多年，看著這些在自己領
域位高權重的前輩，到了扶輪一個比一個謙卑，

服務跑第一，貢獻最前線，深深地影響了我的人生
價值觀。

創造幫助別人，成就自己的事業

在這個年代，各行各業競爭激烈。我經常想：
是否有互相幫助、相互成就的事業存在？很幸運的
我與組織行銷行業相遇，並且在學習了解這個行業
的過程中，深深的愛上了這個成人達己（幫助別
人，成就自己）的事業。

扶輪的精神是我想要建造的人生，我想要創造
相同理念的團隊，同時希望透過我們的經驗傳承，
真正幫助到更多的生命，於是我們創立了：卓越全
球國際系統。

我的人生是經由許多的貴人幫
助，才成就了我。如果我有能力，我
也希望成為幫助別人的那雙手。這樣
的想法，支持著我，即使遇到困難挑
戰，也能勇敢向前行。

組織行銷是個很特別的行
業，愈分享愈成功；愈把自己
當老闆，就愈快成為自己生命

的主宰。在這裡我們很幸運的結交了許多來自各行各業，不同背景，非常傑出的好朋友。更幸運的是，透過溝通交流，讓一群卓越的家人因著共同的目標理念，團結合作一起前進。

分享用正向改變一個人的美好

　　每一個人都是世上獨一無二的寶石，雖然我們有著不同的人生歷程，但有著一顆同樣豐盛有愛的心。如果透過我們人生故事的分享，或許只是一句話，一個小故事，但正面的改變一個人，　那將會是多麼美好的一件事！於是有了這本書——《卓越人生的十個感動》。

　　誠摯的希望透過我們這群平凡人的分享，可以支持鼓勵到每一個讀者，你們內心那顆不平凡的心。

　　親愛的朋友，人生一定要有夢想，你所想的都會成真。

　　祝福各位：有夢最美，卓越相隨。有愛就富裕，你會興盛繁榮。

卓越全球國際系統創辦人
林靖瑞 David

將更多人的才華，讓世界知道——林靖瑞

健康致富魔法師 郭語慈（Frances）

做你生活的主人
做你身體的主人

轉念，人生就會有不同的風景！

關於 郭語慈（Frances Kuo）
現任 》》
台灣彼拉提斯協會 理事長
POWERLIFE彼拉提斯教室負責人
Frances Pilates Method (FPM) 認證系統創始人
經歷 》》
1980　訊達電腦 業務
1985　衛道科技 業務經理
2006　Ann Pilates Studio 彼拉提斯教練
　　　伊甸基金會萬芳啟能中心／健保局／乳癌防治基金會／陽光基金會彼拉提斯教練
2009　成立POWERLIFE彼拉提斯教室
2010　成立台灣彼拉提斯協會
採訪及著作 》》
《台北畫刊》、《臺北體育》、《FASHION　QUEEN時尚女王》等雜誌採訪、專欄作者，以
及電視節目「消費高手」、NTV電視台專訪「星星我最亮」等專訪，及《彼拉提斯解剖學》
審定。
證照 》》
擁有國際STOTT PILATES Full Certification(七級全證照)、台灣彼拉提斯協會墊上壹級教官
、Tibetan Heart Yoga、YSI Certification、Balletone MBA、Yogafit Level I、TARA basic
SBT等專業證照

機上乘客的吵雜聲喚醒在飛機上沉睡的我，離開熱鬧的台北，在雅加達轉了小飛機，飛機上隆隆的引擎聲，竟然像催眠曲般的讓我得到久違的好眠。

　　看著窗外的風光，我來了，位在印尼婆羅洲島南部的加里曼丹（Kalimantan），用我這一生所學所會的技能來幫助當地偏鄉裡的青年們逐夢。身邊很多人問我，我學過什麼，或是我擁有什麼，可以讓我有這麼大的能量，支撐我不停歇的在事業與公益中穿梭著？

　　我想我會的，只有一件事情：「做我生活的主人。」

人生，追求平順？或是各自精采？

　　五〇年代，二次世界大戰後，全世界瀰漫著詭譎的政治氣氛，美蘇的冷戰、越戰、以阿戰爭、中印戰爭、艾森豪訪問台灣、人人反共恐共的後遺症，不管是國家與國家、不論是國民與國民、甚至親人與朋友，所有人都處在一個極度不信任的氛圍之下，而這樣的氣氛，也得到了支持台灣經濟起飛的最大力量——「美援」以及「軍需」。

在那樣的環境下，我出生了，在一個標準公務員家庭中成長，只要循序漸進，依照每個人提供的SOP（標準作業流程）下去做就不會錯了，那個SOP應該跟大家知道的差不多吧！

對男生而言，求學（最好念到大學畢業）、當兵、就業、成家，然後一切就圓滿了；對女生來說，求學（念的差不多就可以了）、工作、嫁人，然後一切就完滿了。

他們告訴我，只要不去惹事，不去多事，不去多想那些有的沒有的，我的人生就是平平穩穩、順順利利的過下去了，乍聽之下好像沒有什麼問題。

Life 01

做你生活的主人，做你身體的主人——郭語慈

「但如果人人都一樣，屬於我的精采在哪裡？」（管不住的射手魂）

影響自己最重要的一句話

看似安全的舒適圈，往往最危險。

大膽嘗試，勇敢追求

　　求學期間，沒如師長家人的期望考上師專，而進入五專，開始離家生活。

　　就像脫韁野馬，我的本性肆無忌憚的爆發，玩社團、辦活動、搞團康、瘋舞會（當時有舞禁，還被警察抓過、翻牆過），狂愛舞台演出，忙著玩著還被推出去競選學會會長，在專三時接下大專院校聯合「學院影展」主辦，真不知道那來的勇氣，膽敢站在諸多名導、電影明星及3000多人面前，主持開幕典禮，原來這就是有掌聲、有影響力的世界，我的細胞裡，開始注入不安份的因子。

　　跟大多數的人一樣，出社會的第一份工作，就像是被印上了標籤一樣的，男孩們去當業務當外務、女孩們當會計當出納，而我就是那其中一個女孩兒。「會計」就是我踏入職場後的第一份工作。

　　早上規律的起床、中午吃著昨晚準備好的便當、傍晚準時的下班、每天把公司的單據們整理成合適的報表，出不了什麼大錯，同樣的也不需要承擔什麼責任，是絕大部分初入社會的女孩們，夢寐以求的單純生活，聽著聽著都要灑花轉圈圈了對

吧！

實際上是，我無聊死了，每天早上騎著摩托車，面無表情，跟家大家排排隊去上班，像閱兵典禮一樣。

到了公司，別以為那個年代每天都有雪片般的單據飛來要你整理，通常都是到了當週的某一天或是當月的某幾天，這些單據才會需要你去整理，剩下的時間要幹嘛？有臉書可以滑？有蝦皮可以逛？還是有LINE可以跟朋友聊聊天嗎？

NO！沒有！！

大部分的時間我只能面露微笑、枯坐然後等下班。

直到一年後的某一天下班，我騎著摩托車，看著和我一樣回家的同事們，每個人跟上班時一樣，依然面無表情，看不出來她們是開心於這樣沒有律動的生活，還是甘心於這樣沒有挑戰的生活，抑或只是不知道還可以做什麼？

────── ♥影響自己最重要的一句話 ──────

做什麼，就要像什麼。

「我只能這樣了嗎？」
「我不要！」我的內心吶喊著。

如果人生中最精華的歲月我要這樣度過，我不甘心。終於，按耐不住的射手魂炸開了，馬上就跑回去跟主管提了辭呈。You know，其實我的工作不需要什麼交接，當下就完成了離職手續。

離開那棟大樓時深深吐了一口氣，佩服自己擺脫了這二十幾年的SOP，像是所有的鎂光燈都聚集在自己身上一般，但緊接而來，失業、收入，這些排山倒海的現實問題，就馬上把這些鎂光燈一個個擊破了。

「就對自己的決定負責吧！」

既然決定了，就沒有回頭路，孤注一擲的往前吧！別給自己太多的後路、備案或是期待伸出的援手。

「從今天開始，做我自己生活的主人！」

挑戰自己，證明自己

在經濟起飛的年代，大大小小的企業對於資訊設備的需求就像餓虎撲羊一樣，需求不斷，競爭也不斷。

在朋友的引薦下，我進到了這個產業裡擔任業務的工作，也就是大家口中的SI（System Integration，系統整合商），為不同的客戶搭配不同的資訊服務方案，也同時把自己放到了自己期待的商業社會中競爭，是挑戰，也是廝殺。為了鞏固自己的客戶，每個同行透過了各種的資訊蒐集、異業整合、各種商業手段，讓自己可以在這樣的產業裡，得到生存的一絲空間。

經過了十幾個年頭，我的業績在公司中始終保持穩固的位置，也讓所屬公司在客戶面前有著不可撼動的地位。頂著業務大將的光環，我每天忙碌的開案、打仗、應酬、會議，為自己也為

Life 01

做你生活的主人，做你身體的主人——郭語慈

 影響自己最重要的一句話

每一個決定，都是需要付出代價的。

公司打下了一個又一個的山頭，在業界知名的頭銜中、在燈紅酒綠的應酬場合中、在每年來自原廠以及公司無數的獎勵中、在口袋裡豐沃的收入中，我對自己的挑戰成功了。如果十幾年前沒有做出那樣的決定，現在這些成就不會與我畫上等號。

「為你的決定負責，勇敢的往前走！」

在公司的尾牙上，我是這麼告訴新進的同仁們，期許他們更勇敢的做他們自己生活的主人。

一邊享受的台下的歡呼與支持，一邊捂著我火燒的胃！

「Fuck！胃好痛！」

「業務的工作做得再好再輝煌，到了下個季度也是得歸零重來，不也是在做另一個規律的循環而已嗎？」

 影響自己最重要的一句話

當你找不到自己價值時，人人都可取代你。

人生累積的不應只有金錢，還有價值

　　拜工業化大量生產之賜，大部分的技術透明了、生產的門檻降低了、客戶的選擇變多了，我們的「被需要性」也就降低了；簡單來說，就是我們的價值變低了，我的工作也從初來乍到的開疆闢土變成了保衛疆土，大部分的工作也就在拜訪、聯絡感情、處理問題、總結月報中度過了。

　　在一天的應酬飯局場合中，看著每個同桌的同事及客戶，彷彿時光回到了十多年前的傍晚，同樣的是一群上班族，不同的是經歷規律周期的長短；同樣的是都有著空虛的表情，不同的是一群人表現在臉上，另一群只能藏在心裡。

　　會計工作重複的是日復一日的生活，現在的工作重複的可能變成了兩個月、三個月，但消耗的是時間，消耗的是歲月，更消耗的是自己的價值。

「價值應該是累積的！」

　　「你所以為的價值，不一定是長久可以依憑

做你生活的主人，做你身體的主人——郭語慈

的價值，一旦賴以為生的技能和環境不在，你是否可以繼續生存下去？若可以，那樣的價值才是永續的價值。」

客戶願意見我，是因為我的頭銜？我所屬的公司？我的能力？我的態度？或是任何其他我的價值？如果沒有了現在的頭銜、沒有了這樣大品牌的公司，我的能力還會被認同嗎？我的價值還會被肯定嗎？

或是，其實最後只要價格便宜，誰做其實都沒有差別了呢？

四字頭的我看了同桌三字頭的同事，也看了看六字頭的高階主管，這些應酬的互動、這些空虛也冰冷的寒暄。

「我只能這樣了嗎？」
「我不要！」我的內心再一次吶喊著。

影響自己最重要的一句話

與其花時間去煩惱與抱怨，不如拿來解決問題。

可以堆疊的價值，才能讓自己不會一夕之間被社會淘汰，隨時精進的自己，才能讓自己隨時面對不同的挑戰，但什麼是可以讓我願意終身投入的長期價值？這個價值可以累積，可以累積自己，也可以累積別人。

　　什麼樣的專長可以成為這樣的價值？什麼樣的專長可以傳遞助人的感動？

「健康，就是健康！」
「只有身體是陪伴你一輩子的！」

我要創業，一個可以傳遞我的價值的事業。
我要創業，一個可以維持身體健康的事業。
我要創業，一個可以不斷前進的事業。
我要創業，一個可以傳遞POWER LIFE的理念。

Life 01

做你生活的主人，做你身體的主人——郭語慈

—— 影響自己最重要的一句話 ——

選擇你有興趣的事業，如果沒有，就去找出來。

轉念、學習、一輩子

　　從小好動又愛動的我，特別喜歡跳舞，但這個興趣在進入職場之後就無疾而終了，也是因為業務工作把自己的身體搞到亂七八糟的，所以就報名了一個叫「彼拉提斯」的課程。

　　從那一天起，我才慢慢地又找回了小時候愛跳舞的樂趣，原來這個運動除了讓你流汗、健身、塑身之外，每天的健康朝氣，竟然是在開始學習這個課程之前，完全沒有預期到的功效。

　　從進入職場開始，每天精神與身體的緊繃，每天快速與高壓的工作，讓我這二十年來早已經忘記的「朝氣」，竟然因為這個簡單的運動悄悄地回來了，除了臉上的容光煥發之外，精神的集中與專注更成為額外的獎品，這些健康紅利，讓我除了在健康的改善之外，也在工作上的成效更是所向披靡。

 影響自己最重要的一句話

當你全力以赴，自然吸引更多正面的力量來相助。

從原本單純的學生，在興趣與熱誠的驅動下，考上了 Stott Pilates 國際證照，很快的成為了教室裡的助教，原本也認為自己只是在協助教室裡的老師、學員一起學習這個運動而已，而那個晚上的創業念頭，加上對於這個運動的認識，讓我決定用這個運動當作我自己創業的事業，於是「POWERLIFE彼拉提斯教室」誕生了。

彼拉提斯的關鍵在於了解骨骼與肌肉的關聯，而不單單只是一個口令一個動作的複製運動而已，因為骨骼是決定人的行為、動作甚至外觀的架構，肌肉則是包覆整個骨骼的系統，肌肉發展的不平衡、不正常、太過緊繃、太過鬆弛都是影響我們走路姿勢不良、脊椎側彎、疼痛等等的原因，彼拉提斯在訓練的、在調整的、在規範的，其實就是我們的肌肉，也就是我們所有動作的根本。

做你生活的主人，做你身體的主人——郭語慈

影響自己最重要的一句話

幫助人們改變，是一名彼拉提斯使者不能鬆懈的信念。

從「根本」去尋找問題，發現問題進而調整問題、解決問題，是我愛上這個運動的原因之一。除了讓我開始學會從根本去了解運動上的問題之外，也開始讓我學著去了解所有事情問題的根本，並非頭痛醫頭、腳痛醫腳的鴕鳥方式，也不是看到不好就砍掉重練的極端方式。

　　創業的初期除了熱誠的傻勁以外，其實也就什麼都沒有了，所以在法規上的不熟悉、合作人員的理念、廣告行銷方式，甚至小到連文宣的字體，都會是消耗這些熱誠的點點滴滴。尤其在幾年後，為了更換教室地點，原本的學員幾乎流失殆盡，一切的努力都成為了必須從零開始的慘狀。

　　很多人在創業的過程中遇到了類似的挫折，都會選擇放棄，但這是自己選擇的道路啊！既然是自己選擇的，哪裡還有輕易放棄的道理，做不好的，趕快找到答案趕快學習，趕快讓它做好，每次的學習當中，都在降低下次犯錯的機率，每次的學習也都在提升自己面對下一次挑戰的能力，只有這樣鞭策自己不放棄的往前，不停止的學習才會讓自己有足夠的勇氣跟能力持續進步。

爆棚的熱血，溫暖的滿足

2017年，因為長期的胃病去做了腸胃鏡檢查，竟然發現一個9公分長的盲腸黏液腫瘤，開刀期間，好姊妹給了幾個直銷的健康產品，長年來的胃病已經不抱任何的期望，所以就用做實驗的心情，把這些產品默默地吃了。沒想到，開刀傷口居然快速癒合，體力變得更好，也因為自己的例子，深刻地去瞭解了這間直銷公司，不論是產品、策略、總裁創辦公司的願景甚至團隊行銷模式，都花了不少時間去研究及理解。

「就算不是經營事業，也當作一個健康保養的食品。」

用這樣的觀念也用著這樣的態度看待這些產品，而在了解的過程中，幾次參訪了這間公司的總公司、分公司，甚至隨行團隊赴海外的市場說

影響自己最重要的一句話

面對任何事物，都需要與時俱進，不斷創新。

明。這是第一次踏上加里曼丹的土地。

　　求學期間我就時常跟著社團、學長姊往外跑，盡可能的參加各種公益服務團體（好啦～就是上課很無聊，放學很無聊，然後放假也無聊好嗎？）透過在這些社福團體的訪視、活動、陪伴中，人們因為我的一個小動作、簡單的舉動、甚至反射性的回應而露出的笑容，那真的是當下無限的滿足，而這種滿足是溫暖的，是不求回報的，也是從那時候起，只要有任何的公益邀約，我們都不遺餘力的幫忙、協助也參與，就是要讓這樣滿滿的熱血傳遞給其他人。

　　帶著這樣的熱血來到了加里曼丹，赤道的附近，比台灣土地還要大，但人口卻比台灣少的地方，在直銷公司的帶領下，我們在比較偏鄉的地區開了產品及事業的說明會，來參加的人數遠遠大於我所預期的數量。團隊的講師在舞台上侃侃而談公司的產品、公司的制度，而旁聽的我，看到這些資源相對弱勢的青年或家庭們，用渴望又興奮的眼神望著台上的講者，骨子裡那個沸騰的熱血又開始在蠢蠢欲動著。

「做自己生活的主人！」

我的腦海裡一直不斷地浮現著：

我能不能把這樣直銷的事業交給他們成為他們謀生的事業？

我能不能把這樣的保健食品交給他們成為他們維持健康的一種方法？

我能不能把彼拉提斯帶入他們的生活，讓這個運動也成為他們維持健康的另一種方式？

要記住：
「沒有能不能的問題，做了就會開始了！」

這幾次的行程裡，除了原本直銷公司的產品事業說明會外，我也在現場做了彼拉提斯的教學活動，讓人們在這樣的活動中接觸彼拉提斯運

── 影響自己最重要的一句話 ──

身心靈解放加上財務自由，才是真正圓滿的人生。

做你生活的主人，做你身體的主人——郭語慈

動，更在這裡開始了師資培訓的課程，讓這裡的人們除了可以為了健康而運動，也可以把健康當作事業，把更多更多的熱血傳遞給其他需要的人。

簡單的一個轉念，就可以整合不同的事情，為不同的需求提供不同的滿足，也因為這樣，我讓自己成為一個健康事業的整合者，健康的生活、健康的身體、健康的事業，以健康為前提，滿足吃的需求、運動的需求甚至創業謀生的需求。

而每次的課程活動後，人們開心的笑容，彷彿讓我回到學生時期所看到的一樣，原來這樣的滿足不會消失，這樣的熱血也只會更加澎湃。

把根本做好做穩做紮實，成功就在咫尺之間

「成功」這兩個字在我的心裡，比較像是一個已經完成的目標，就像一個慢跑選手，跑過了終點線一般的景象，但對我來說，人生是不斷的學習，不停的嘗試，甚至不斷的失敗，在這樣的過程當

影響自己最重要的一句話

每一件事情，都從「根本」出發。

中，再不斷的學習不斷的嘗試，讓我可以永遠有新的視野、新的體驗、新的做法甚至新的目標。

　　把根本訓練好，也就是我教授以及學習彼拉提斯的理念，把根本訓練好，讓從「根本」出發的每一件事情，都可以得到支持與力量，讓從「根本」延伸出去的每件事情，都可以發展與樂趣，不論這是一個運動、是一個事業，甚至是一個國家，先把根本、把基礎做好，就像是一棟大樓的地基與骨架，做好做穩做紮實了，其他的外觀、裝潢，甚至設施的加諸，才會長久才會有意義。

　　而創業需要長久的規劃，事業更是一個長久的努力與意志的試煉，很多人在創業初期的熱誠，都被中途遇到的問題燃燒殆盡，而經營事業的柴米油鹽醬醋茶，也常常澆熄經營者原本設定的美好目標，但我還是希望給創業者的建議是：

**　　「選擇你有興趣的事業，如果沒有，就去找出來。」**

　　每一個事業都是全面向的，每個事業裡都

Life 01

做你生活的主人，做你身體的主人──郭語慈

有讓你喜歡，也一定有讓你不喜歡的地方，把這個事業裡的所有，都成為你的樂趣，學習著轉念去看待每一件事情，讓這些樂趣成為驅動事業往前的動能。

再來是這個事業的「長遠性」，沒有一個事業是可以一成不變的，沒有一個產品是可以一成不變的，沒有一個服務是可以一成不變的，身為一個事業的經營者，除了事業本身的長遠性之外，與時俱進的創造自己事業的長遠性，也是一個經營者每天需要思考並且執行的，因此，培養自己不斷學習的動力，可以調整的彈性，才會讓事業有機會走穩走長走遠。

做好每件事，創造自己價值

台灣有很多一窩蜂的事情，如果大家不健忘的話，從以前的蛋塔、手機行，到近兩年的娃娃機，我不是說這樣的事業不能做，而是你做的是哪個部分？還有你用什麼心態來經營？

以娃娃機為例：你是店主？機主？或是貨主？每個都像是創業，但每個都有著不同的經營方式，學習了每個位置根本的經營學問了嗎？或者只是聽

了不同的話術，或看了別人想讓你看到的文宣而
已？

　　我一直不相信有一種創業或一種事業是可以
輕鬆的、可以簡單的，如果有，不用自己經營，
充其量它就是投資而已。而如何避免讓自己的事
業是追逐別人的一窩蜂，甚至於不要讓自己的事
業，是每一個一窩蜂的最後幾個，都是在創業初
期要花很多的時間與精神去規劃的。簡單來說，
隨時隨地審視自己的事業，讓自己的事業維持在
它藍海的價值內。

　　現在有很多的管理公司、顧問公司或是行
銷公司可以為業主提供很多不錯的建議，把這些
建議納入經營事業的選項，讓這事業可以更多元
化，避免因為停滯不前所帶來的危機。

　　很多人會用薪水來決定自己的工作量，告訴
自己：領多少錢做多少事，但如果思維換一下：
「做了多少事，再決定領多少錢」，而且是「做

Life 01

做你生活的主人，做你身體的主人──郭語慈

影響自己最重要的一句話

做好，而不只是「做完」，甚至只是「做過」。

好」，而不只是「做完」，甚至只是「做過」，讓自己隨時維持自己可以「創造自己價值」的機會，也許在短時間裡不見得可以看到很大的改變，但是人生很長，拉長一點來看，「做好」的事情都會累積在我們自己心裡，這些累積也才會成為日後我們與老闆談加薪、與新工作談條件、或是自己要開業創業時，那個「根本的本錢」。

轉念，人生就會有不同的風景

為了維持教室營運，我每天必須工作12小時，加上之前那幾年的日夜顛倒、飲食不正常，幾年前我也趕流行的，在身體裡發現了幾個腫瘤，經過三次手術，幸運的因為這些直銷事業中的健康產品，讓自己可以很快速的恢復術前的體力與精神，但其實對我來說，卻是讓我再次認真省思自己的一個契機：

為什麼會讓自己的身體變成這樣？

影響自己最重要的一句話

屬於你的精采，你來創造。

如果再來一次，我有沒有什麼方式可以避免或改善？

　　我的經驗有沒有辦法，可以幫助到別人避免跟我一樣？

　　那個時候開始跟著直銷公司的老師，來到中國、東南亞國家傳遞這些事業、產品和彼拉提斯運動，就是希望藉由分享自己的親身經歷，成為大家的借鏡，無論是在健康上還是事業整合上。

　　年輕時，我們找了份工作，不管是不是和我們的興趣、專長有關，我們努力的工作，為糊口，為生活，為買車買房，為了給家人子女父母更好的生活，所以，我們承受各種壓力，然後用自己的健康來換取金錢，勞累了大半生，背駝了、腰痛了，健康問題、老化問題接踵而來，再用金錢換健康，這是我們要的結果嗎？

最後 ....

　　去思考「你要什麼？」什麼樣的工作或事業，可以透過不斷地學習，累積我們的價值，讓我們努力一陣子卻可以享受一輩子？什麼樣的生

活規劃、保養、運動，可以兼顧身體內外的健康，
讓我們可以活得有尊嚴，健康終老！

　　轉念，人生就會有不同的風景，所以……
　　成功，從根本做起，做你生活的主人。
　　健康，從根本練習，做你身體的主人。

啟動卓越人生

Life 01

做你生活的主人，做你身體的主人——郭語慈

我的人生，我自己作主！
只要我想要，一定能得到

讓我們一起擁有更幸福的人生。

關於 謝兆豐

個人簡介 》》
從小熱愛各種體育活動，直到站在世界舞臺上，看清要成為體壇金字塔頂端的人有多麼不容易！轉戰醫護專科學校視光科後，大半生投入專業驗光師、眼鏡銷售與門市經營，並在積極參與公益活動後，認識美極客，找到人生志業最佳實現的舞臺。

學歷 》》
國中保送台中台灣體育學院（主修跆拳道，副修國術）大二轉學
光華高級工業職業學校（電子科）
仁德醫護管理專科學校（視光科）

經歷 》》
1997年10月～2001年3月寶島眼鏡 豐原店二級驗光師
2001年5月～2003年4月年青人眼鏡 豐原店店主任
2003年5月～2004年8月年青人眼鏡 逢甲旗艦店店長
2004年10月～2010年8月小林眼鏡 豐原店高級驗光師
2010年9月～開第一家小林眼鏡（東海店店經理）
2013年9月～再開第二家小林眼鏡（黎明店店經理）
2016年離開小林眼鏡，加入美極客至今

證照 》》
跆拳道國際段證二段、應用電子丙級證照、人壽保險證照、門市丙級證照、眼鏡鏡片製作丙級證照、佳興成長營（業務競爭力結業證書）、山達基業務競爭利結業證書、泰國企業魂結業證書、新加坡安東尼羅賓潛能激發走火結業證書。

人生際遇是難以逆料的。

相信每個人小時候作文課時，都寫過「我的志願」。但從國小就開始學習「十項全能」，國中更加入體育隊，主攻排球和跆拳道，當時的我很難相信有一天，我會放棄體育，走向完全不同的道路。

四肢發達，來自高強度訓練

我對體育的熱愛，從很小就顯現了。比起課堂的國語、數學與自然課，操場上的各種競技，都更吸引我。

所以，在升上國中時，體育校隊就成為我的第一志願。幸好國小打下的基礎還不錯，也如願進了體育隊，並選了自己最喜愛的排球和跆拳道為主修。

很多人對體育的刻板印象，莫過於「頭腦簡單，四肢發達」。但對於曾經下過苦功的體育人來說，會很清楚連「四肢發達」，都是透過不斷努力鍛鍊出來的。

當別人在早自習發呆時，體育班的人已經跑完

3000公尺，做完100公尺的青蛙跳，當作暖身，然後和其他人一樣迎接一天的課程。

而午休時間，當別人趴著睡覺時，我們則是把握時間做「策略技術」的練習，放學前的補救教學兩堂課，我們則是著重力量訓練，或用來對打培養默契。

人們所謂的「四肢發達」，就是在這樣的高強度訓練下，日積月累訓練出來的。

團隊合作，學會被領導

至於「頭腦簡單」這個印象，更是天大的誤會，因為真正好的運動員，除了要讓體能維持在最佳狀況，在上場競賽時，如果不能「知己知彼」，是不可能拿到好成績的。

尤其是團隊競技項目，如果無法依據團隊成員的優劣勢，組織成最好的戰術，藉此互相補強，整個團隊無疑是一盤散沙。

 影響自己最重要的一句話

感恩之心離財富最近。

我的人生，我自己作主！只要我想要，一定能得到──謝兆豐

我在國中時，因為擔任排球隊的隊長，除了要熟知每個人的狀況，依此安排上場的6個主力團員，及4個預備選手，連團員們的「心情」也要照顧好，除了每天帶領做精神喊話，遇到團員間有摩擦時，也要運用智慧加以調解。

　　在跆拳道團隊裡，除了集體訓練外，還會有6人一組的小組訓練，和一對一的個人訓練。

　　在集體訓練中，重點在於培養團隊精神，要能聽指令，做到服從，因為只有先學會「被領導」，才能懂得如何領導人。

　　在6人的小組訓練中，就會培養出小組隊長。隊長必須學著觀察個人優缺點，加強個別訓練；而一對一訓練中，則是每個人感受自己優缺點的最佳舞臺，因為和不同的對手對戰時，勝利或失敗的原因一定不同，這些都是很寶貴的經驗，作為未來改進與加強訓練的依據。

大賽慘遭滑鐵盧，決定讓人生轉彎

　　對於一個從小熱愛運動的孩子來說，國中畢業後能保送台灣體育學院，可以說是非常幸福，也十分幸運的。

當然，有這樣的成績，也是因為在國中時期，我分析過自己的強項與弱項後，選定主攻跆拳道，全力衝刺這方面的成績。

在台灣體育學院裡，除了繼續主修跆拳道，我也副修國術。升上大學後，更加上足球，這是因為從跆拳道到國術，都是靠「腳上功夫」。

就因為全力發展自己的強項，讓我在主修的項目拿過不少好成績，包括全國中正盃第二名、台中市長盃第一名、苗栗縣縣長盃第一名、全國運動會第三名（代表苗栗縣）。

不過，所謂「一山還有一山高」，這些成績到國際競技場上，都顯得微不足道。

印象最深刻的震撼教育，來自於大一升大二時，在世界大學跆拳錦標賽的那次經驗。

第一場比賽上場時，由於做過很多功課，我很清楚自己在體力和技術上，都比韓國籍的對手來得更好一些。

 ── 影響自己最重要的一句話 ──

不要用自己的時間去證明別人的成功。

Life 2

我的人生，我自己作主！只要我想要，一定能得到──謝兆豐

沒想到，一站上場，一股莫名的壓力卻排山倒海而來。空氣瞬間變得很稀薄，自己的四肢則像有千斤重。

　　結果，上場不到三秒，我竟然就被對方打倒了。那時的我還身兼副隊長和助教的頭銜，因此在被打倒的那一刻，我羞愧的只想把頭埋進地底。那次的挫折，讓我產生極大的創傷，也讓我第一次體會：凡事沒有絕對。

　　並不是自己比對手強，就一定會拿到勝利；即使之前一直處於順境，也不代表在眼前的，一定都會是順風。

　　這個挫折，也讓我深刻體會到，運動的確是一個「金字塔型」的領域，只有少數拔尖的人，而且是體能、技術和心理素質都維持在頂尖，才能擠破頭，爬到頂端。

　　事後回想，這個挫折或許是我人生最大的一個禮物，除了讓我從運動的夢中醒來，也立即決定讓人生轉彎，在19歲開始決定在另一個領域，從頭學起。

父母的決定，讓自己從雲端回到地面

在運動員夢醒後，我很「務實」的轉學到高職，並選擇當時認為最有前途的電子科。

之所以變得務實，或許要歸功於家人。

從小，因為父親在派出所服務，家裡也經營了一間休閒農場，可說是當地第一家觀光果園，所以家境並不算差。

尤其，在上有一個姊姊、一個哥哥的情況下，身為老么的我，更是備受照顧。

這給了我任性和勇敢追夢的權利，所以一直以來，都依照自己的喜好，選擇自己想走的路。

但受惠於我的還有一對開明，且思想前衛的父母，他們在我17歲時，就向家裡的孩子們宣布了一個重大決定——不會將家裡的財產留給任何一個孩子，而是會全數捐出。

在小時候，只覺得有這樣的父母超酷啊！

我的人生，我自己作主！只要我想要，一定能得到——謝兆豐

影響自己最重要的一句話

方向不對努力都白費。

直到在跆拳錦標賽上慘遭滑鐵盧，認清體育的路並不好走，而自己正面臨未來人生的重大轉折時，才體會到父母的這個決定，等於是告訴我們——未來的人生，只能靠自己！

擇其所愛，愛其所選

　　或許是從小在充滿競爭的環境下長大，讓我始終很有危機意識。

　　在轉到高職電子科後，我先是努力爭取到大公司實習的面試機會，讓我發現高職電子科的學歷，除非未來繼續升學，累積更高的學歷，否則很難爭取到好的工作。

　　因此，我畢業後決定先工作，正好姊姊頂下一間眼鏡公司，讓我得以名正言順，靠著裙帶關係爭取到打工機會。

　　在眼鏡行打工，也讓我發現自己其實很愛動手修東西。

────────── ♥ 影響自己最重要的一句話 ──────────

會贏再來拼！

或許是從小在體育班培養出的精力，在轉戰「文場」後，我只好把這些無處宣洩的精力用在眼鏡行裡，從驗光的知識、眼鏡的品牌，到與客人的應對進退，可以說是如魚得水。

　　如果說，人生最幸福的，莫過於能夠選擇自己所愛，那麼我在高中前的運動生涯，或許是其中一種答案。

　　順利退伍後，我義無反顧投入了眼鏡行的工作。

薪水不是唯一，學習與成長更重要

　　我的第一份工作，在「寶島眼鏡」，啟蒙老師是一位資深的主任。

　　由於我在這之前，已經有幾年的實務經驗，加上啟蒙老師的專業指導，主任離開「寶島眼鏡」後，自行開了一家眼鏡店，也很放心的把分店的工作，幾乎都交給我這個只有22歲的小毛頭。

　　而我也算是不負所託，在勤奮和熱情下，我把這間店經營得有聲有色，業績持續成長，也讓我的薪水從台幣23k，在一年內就大幅調升到台幣

Life 2

我的人生，我自己作主！只要我想要，一定能得到——謝兆豐

35k。

　　不過，或許也因為從小習慣競爭，一年下來，雖然店裡業績還不錯，也培養出一些熟客，但愈來愈多重複的工作，讓我開始覺得像在「養老」。

　　當我開始靜極思動時，當時在台中積極拓展市場的「年青人眼鏡」找上了我。

　　和老字號的「寶島眼鏡」相比，「年青人眼鏡」的底薪並不高，但就因為兩者的經營理念有很大的差異，讓我覺得很有挑戰性，毅然決然就跳到新職場，從更低的台幣21k底薪重頭開始。

　　之所以有信心，是因為之前在老字號品牌工作時發現，他們價格定得比較硬，因此讓銷售有點像是「姜太公釣魚」的概念。但在「年青人眼鏡」，由於給銷售員的價格彈性空間大，加上低底薪、高獎金的制度設計，無形中也提高銷售的動能。

　　還記得我到「年青人眼鏡」的第一個月，雖然還在調適中，但底薪加業績獎金就領了3萬多，第二個月更跳到5萬多，更在一年內升上主任一職。在滿一年三個月時，就被派任為逢甲旗艦店的店長，以我當時24歲的年紀，可算是公司最年輕的店長了。

　　當然，我可以說是非常幸運的，遇到一個極力

拓展的品牌，加上當時眼鏡品牌的市場也還沒飽和，才讓我有很大的發揮空間。

不過，當時到底是年輕氣盛，總是一直想證明自己。

所以，即使薪水一直都不錯，但在一年半後，總覺得除了薪水的增長外，似乎沒有更多學習空間，在職場上似乎也遇到了天花板。

就在這時，「小林眼鏡」鏡向我招手。

一個人跑得快，一群人跑得遠

在台灣幾大眼鏡行品牌中，寶島、小林眼鏡與年青人眼鏡，除了是最重要的其中三個，正好也是企業組織發展與經營理念的三種不同的面向。

除了前面提到的銷售定價策略，與業務獎金設計外，在組織發展上，當時的寶島已有400多家，年輕人眼鏡則在起步階段，雖然後者在收入

Life 2

我的人生，我自己作主！只要我想要，一定能得到──謝兆豐

 影響自己最重要的一句話

學習是改變命運唯一的關鍵。

的成長空間很大，但因為組織相對扁平，讓我總感覺沒辦法學到太多管理的實務。

就因為曾經當過運動員，我很清楚，一個人或許可以跑得很快，但如果你一直生活在個人的世界裡，是很難持續進步的。

所以，我在26歲時又毅然決然跳槽到「小林眼鏡」的豐原店，從年薪百萬以上，重新領回25k的底薪。

從兩年內，年薪破200萬來看，這個決定似乎是對的。但對我來說，更重要的是在不同的企業文化間的適應，並學到不同企業在各商圈的銷售方式。

不過，也因為耽溺在學習的樂趣裡，加上小林眼鏡的豐原店挽留下，讓我直到31歲，暌違了5年，才又當上店長，以小林眼鏡246號店，進軍東海藝術商圈。

 影響自己最重要的一句話

不用很厲害才開始，一但開始就會很厲害。

比起剛畢業時一味衝刺，在5年的蹲點時間裡，讓我學到不以銷售為目標，而是從消費者的需求出發，在驗光的專業外，針對消費者的臉型、職業、使用場合與情境，去給予建議。

為了提升自己的專業，同時在醫校進修視光科，就是要把全店的專業大幅提升，唯有這樣才能給顧客專業的技術品質。

也因為有這5年的蹲點，讓我有信心砸下4成的營運資金，以內部創業的方式，成立小林眼鏡直營店，真正開始做起「創業」這項功課。

服務在地商圈，意外領略公益的魅力

由於比起過去擔任店長時，領的仍是薪水和業績獎金，店面整體的業績壓力其實沒那麼大，經營直營店時，業績不但影響自己，也會影響所有員工。

所以，為了有一個好的開始，我在成立246號店前，就整整做了一年的商圈市調工作。

由於該店面位於東海藝術商圈，雖然有學生的固定消費，但成也學區，敗也學區，在扣掉寒暑假三個月的影響下，要讓全年業績維持一定基

Life 2

我的人生，我自己作主！只要我想要，一定能得到——謝兆豐

礎，我一開始就將戰略目標鎖定為「友善商圈」。

為了熟悉商圈內的店家，前一年舉凡吃喝玩樂、大小日用品，我都盡量到商圈內的店家消費，先讓店家認識我，在接近開幕前幾個月，更開始「預告」246號店的開幕時間。

也因為一年下來建立的關係，讓246號店在開幕第一天，沒有促銷活動下，就創下新台幣15萬元的業績，我更在開幕不久，在商圈店家的支持下，成為商圈的委員。

籌備246號店開幕這一年，也是我完成人生大事，和女友步入禮堂這一年。

從以往平均每天工作12小時，甚至常常窩在店裡的樓上，以免舟車往返。但在成家後，或許是因為有了安定感，雖然住家離店面有3公里遠，但我投入工作的時間反而更多，時常一天工作15個小時，除了忙店裡的事，更多時候是花在服務商圈上。

只能說，老婆實在也很偉大，雖然婚前就知道

❤ 影響自己最重要的一句話

互助互惠共創卓越。

先生是工作狂，但沒想到婚後更變本加厲，把精力也貢獻給更多無關工作的人。

從原本為了增加業績，而服務在地商圈，到成為商圈的副主委，得以服務更多人，讓我第一次體會到無目的性服務人的快樂，並因此接觸更多公益活動。

人才，是企業唯一的競爭力

或許是因為成家後，個性變得更為穩定，也或許是因為參與公益，讓以往幾乎像是競賽破關般，一直追求收入數字成長的人生，找到了慰藉，在成立246號店後，沒幾年就想轉戰其他公司的躁動，也緩和了下來。

兩年後，在東海藝術商圈的246號店穩定後，因為公司評估台中七期的消費潛力十足，我才開了第二家直營店，店號298號。

影響自己最重要的一句話

過去不代表未來，失去都要把它找回來。

我的人生，我自己作主！只要我想要，一定能得到——謝兆豐

在純住宅區的298號店，和過去學區、市區的經營策略截然不同。

如果說，過去我從一個品牌跳到另一個品牌，或從店員成為全新店面的店長時，都能有不錯的成績，部分原因來自於，我在專業上的優勢，和提供的「感動服務」，讓我累積了一大票熟客戶。

但在七期的高級住宅區，完全是一個全新的市場，之前246號店從商圈店家進攻的策略也不適用，完全要靠陌生開發。

但也因為經營298號店，讓我體會到，無論是專業或服務，無非都是為了創造「價值」，只要能提供客戶不可取代的價值，客戶就會自動成為你的宣傳大使。

舉例來說，多數人想到配眼鏡的專業，無非是驗光，知道近視度數等知識，但其實，真正的驗光師就像醫師一樣，要有「醫德」，例如，當客戶有白內障時，要做的並不是為他配眼鏡，而是建議客

 影響自己最重要的一句話

我要在喜歡城市居住，但是要對接世界財富。

戶就醫，因為白內障會導致視力不穩定，很可能
剛配戴時沒問題，下個月卻又模糊不清。

　　為了提供最專業的服務，在298號店中，我
特地招募了幾位中山醫學大學的視光系畢業生，
因為視光系排名中，中山醫學大學可說是數一數
二的。即使是店裡的工讀生、實習生，都堅持聘
用視光系的學生。

　　而在人才培訓上，實習生對於現有人才的「
再學習」，也有著極大的助益，畢竟，各種知識
與技術日新月異，實習生除了會從學校學到最新
的知識，也可能曾到眼科實習。

　　所以在店裡，我們每個月會規劃一個時段，
讓實習生教課，藉此讓店員知道，不要認為自己
是老鳥，就一定比實習生厲害，而要一直保持求
知的精神。

　　以堅持專業，取代業績導向，雖然讓298號
店，不如以往每次新店開幕，或年度促銷時那種
門庭若市的熱鬧景況，但就因為以專業提供了價
值，跳脫以往「降價促銷＝低利潤＝要辦更多促
銷活動」的迴圈，讓298號店樹立了另一種營運模
式與氛圍。

Life 2

我的人生，我自己作主！只要我想要，一定能得到——謝兆豐

有愛就富裕，參與公益讓人生更圓滿

從立志朝體育界發展的青年，意外踏入眼鏡銷售領域，是過去從沒想過的事。更沒想到的，是在經營東海商圈，有機會接觸公益活動時，發現除了以自己的興趣、專業維生，人生還有更多值得做的事！

也才知道，公益內容其實很廣，如果沒有走出東海商圈，我永遠都替東海商圈內的人服務，所以我知道只有走出來，瞭解更多的人、事、物我才知道，外面的世界其實有更多需要我們協助的團體和人，協助的內容有很多，我們希望協助他們的健康、協助他們的財富、協助各方面全方位的進步。

認識美極客之後，我知道美極客是一個走國際市場的公司，這家公司的公益不只有在台灣，甚至在印尼、柬埔寨、馬來西亞，我們都會到當地弱勢團體去給他們實際上的幫助，我想這是其他公司所

影響自己最重要的一句話

有愛就富裕，你會興盛繁榮。

沒有辦法做到的，所以後來我選擇了美極客，而且美極客產品不只可以幫助大家獲得健康，也可以獲得被動收入，讓大家的生活品質過得更好，我相信美極客是我最好的選擇。

　　為了要讓需要協助的人得到實質上的幫助，一定要有健全的慈善機構來推動，而我將要在2023年12月31日前成立慈善機構，來落實需要幫助的人、事、物。

　　如果有一個事業讓我更有能力，讓我的家人更健康過更好的生活，也讓我更有能力幫助需要的人，這不是一件很棒的工作嗎？相信我正走在對的路上，歡迎志同道合的你們一起加入。

Life 2

我的人生，我自己作主！只要我想要，一定能得到——謝兆豐

怒海潛將 詹佳誠

平靜的海洋
造就不出熟練的水手

「真正的才智，是剛毅的志向。」──拿破崙

關於　詹佳誠

個人簡介 》》
海軍軍官學校畢業，職業軍人生涯中，曾任職於海軍陽字號軍艦、潛水艦部隊，最後職務任國防部參謀本部上校督察官。二十多年軍旅生涯所鍛鍊的鋼鐵意志、使命必達的精神，培養出極具領導力的人才。

學歷 》》
1973～1979：高雄市大寮國民小學
1979～1982：高雄市大寮國民中學
1982～1985：中正國防幹部預備學校（高中）
1985～1989：海軍軍官學校（大學）
2001：國防大學海軍軍事學院
2004～2007：國立嘉義大學（管理學院EMBA）

經歷 》》
1989～1991：海軍陽字號軍艦槍砲官
1991～2002：潛水艦輪機官、艦務官、通信官、作戰長、輪機長、教育官、訓練官、潛艦專業科目教官
2002～2012：國防部參謀本部中校～上校督察官
2012～2014：馬來西亞商科士威
2016～迄今：新加坡商美極客

2012年，從國防部參謀本部退役，原本以為，經歷7年軍校及22年多軍旅生涯後，重新回到一般職場會非常不適應。

　　然而，生命的淬煉，不就在未知與挑戰的樂趣當中？而也常有體會，老天對所有人們最公平的，莫過於時間，無論是達官顯貴或販夫走卒，每個人的一天都只有24小時，不是創造卓越就是安於平庸！

　　在組織行銷環境中，接觸許多來自不同領域的朋友，其中不乏出身普羅，但成就非凡的前輩們。從他們身上讓我發現，同樣一天24小時，生命的璀璨豐盛，都是由堅定目標、剛強意志力與執行力而來！

從小立志當發明家

　　投身組織行銷7年多來，最大的感想就如拿破崙曾說過的那句話：「真正的才智，是剛毅的志向。」無論是哪一個領域，擔任什麼樣的職務，縱然有再好的機會、再怎麼優異的天賦，只要缺乏堅持的意志，一切都是枉然。

我父親從軍中退伍後，在自來水公司水廠擔任駐衛警，全家人都住在自來水公司配發的宿舍。水廠原多在傍溪偏遠處，1970年代時更是感覺處於荒野之中，四周多是甘蔗田，要不就是雜樹林。在這環境除了蟲鳥蛙鳴外，會一直出聲音的，就是機器幫浦聲。

身為家裡最小的么子，也是唯一的男孩，在這樣鮮少玩伴的環境下，對身邊可發出聲響或可動的，就會特別好奇。

例如：因為好奇收音機木箱子裡為何會傳出聲音，曾多次拆開探索直到有次無法復原，被父親發現，免不了挨一頓揍。但這樣仍不能嚇阻我把家裡的手錶、腳踏車等機械類物品「解體」又「重組」研究衝動，甚至從很小就有志向，長大要當個「發明家」。

平靜的海洋，造就不出熟練的水手——詹佳誠

影響自己最重要的一句話

保赤子之心，永作一股清流。
——高中國文老師林文良

屆學齡就讀國小一年級時，住家到學校，光是騎腳踏車就得騎上半個多小時，而且多是田埂小路，媽媽還很擔心。但我到學校，遇到那麼多真實會動的小朋友，樂不可支，反而每天早起，催促媽媽要吃早餐，然後快樂的上學。

在學校因為遇到良師引導，參加過各類國語文競賽、科展，累積不少獎項，加上從國小到國中的成績，都在前段，因此升學，似乎是再自然不過的選項，也覺得當發明家，對人類作出貢獻的道路正邁開闊步。

窮養兒子，富養女兒

父親於世局動盪的年代來台，克難緊張的日子，在高雄遇見小他16歲的母親，組建家庭，共育有三女一男。我是最小的孩子，上頭有三個姊姊，所以從小在我眼中，父親的身影總是很高大的。

父親就像一般外省家庭的老爸一樣，對兒子嚴格管教，深諳男孩管教一放鬆，肯定調皮闖禍，但對三個女兒雖仍有要求，但相對寵得緊，符合現代人所說的：「兒子要窮著養，女兒要富著養」的說法。

我呱呱墜地那年，父親也申請退伍。為了養活及照顧六口之家，父親以聘僱身分擔任駐衛警，因收入微薄，所以，父親在正職外，還兼著養豬賣錢，就為了讓一家人過更好的日子。

只是顧妻扶幼、養兒育女的日子並非順遂如意。

或許是語言、背景，或者耿直的個性，父親雖待人熱情但好惡明顯、直來直往，不懂應對圓滑，可能得罪人而不自知。還記得小時候曾經數次才剛搭好豬圈，就有莫明的事由舉報，被迫要拆掉，得再想辦法在更遠的地方花錢重蓋。記憶中，這些圈舍都是父母為省錢而親力搭建。在幾次的拆建時，我還在學齡前，就一起幫忙，認真地敲除紅磚上的水泥，以便再利用。

不僅養豬愛湊熱鬧。在我小學低年級時，中午放學後，常跟媽媽去台糖公司的甘蔗田幫忙採收白甘蔗，挖起來的白甘蔗先要去除多餘有芒刺

Life 03

平靜的海洋，造就不出熟練的水手——詹佳誠

影響自己最重要的一句話

登高必自卑，行遠必自邇。——禮記

的葉子，砍分二段收整，再用泡過水的藤繩綑綁。由於一捆白甘蔗可能重達10公斤，小小年記得我自然扛不動，只能幫忙做收整。即便如此也戴著手套，一天下來仍會被甘蔗芒葉弄得手臂傷痕累累，母親身上的割傷更多、更深！而弄好一捆白甘蔗，也才不過5毛錢的酬勞！

父母的辛勞，小時候怎懂得，只記得從住著日式建築的宿舍，每天上、放學要經過一大片一望無垠的白甘蔗田。現在回想起來，常會開玩笑地說：「我小時候，就住擁過數萬坪公園的典雅豪宅！」

逐漸長大，三個姊姊也陸續進入私立高中就讀後，看著父親蠟燭兩頭燒，母親更是身兼數職，只要知道哪裡有零工可打，多遠都去，我心裡開始隱約有了些感覺，我們成長的一口口飯、用的一分分錢，都是父母竭盡心力的汗與淚。

而我能做些什麼呢？把書念好，打工賺錢或省錢、少花錢。

人生的選擇，總會有意外

高中聯考前的一場車禍，人生選擇意外地改變。

那一天，是七月上旬第一個週末，再一週就要高中聯考。近傍晚，自修後騎自行車回家，天空下著毛毛細雨，視線不太好，而且沒帶雨衣，想趕快衝回家。在沒有任何徵兆，不知怎麼地撞上一輛摩托三輪車，右腿卡了一下，從自行車跌摔下來還來不及疼，才看清三輪車載著一車鋼筋，徑自繼續向前，好似不曾發生過什麼事；又見到自己右腳一個直徑約2公分的傷口，鮮血汩汩而出，在雨水滴淋下，可見傷口外翻的脂肪組織，但這時不是該昏倒的時候，我把腰帶充當止血帶綁在傷口上方，勉力起身，看看自行車好像沒有摔壞，我到最近的診所。

清創好要縫針，醫生天外飛來一筆說，不要上麻藥會好的更快。就這樣，疼到咬著牙含著淚，看著醫生在我創傷處留下六道縫線印記。

接下來的幾天都是在疼痛、發燒與昏睡當

平靜的海洋，造就不出熟練的水手——詹佳誠

影響自己最重要的一句話

先相信自己，然後別人才會相信你。
——諾貝爾文學獎得主羅曼·羅蘭

中。右小腿腫的有大腿粗哦，只能躺著腳墊高高。但聯考還要不要考呢？答案當然是肯定的。

　　可能是止痛、消炎藥的關係，第一節的國文考試我寫完作文，就睡著了。雖然該科仍然拿了189分（國文滿分是200分），但整場考試下來，其他科目不盡理想，仍讓我的成績與原本預期有很大落差。

　　父親雖不言明、強迫，但一直希望我考慮軍校，不僅學、雜費均免，每月還有一些零用金。最主要軍校管教十分嚴謹，我這個頑皮男也不易變壞作怪。

　　在選擇前一直躊躇不定。甚至我已經在高雄高工填好所有表格，完成報到手續最後一刻，心中下定決心念軍校，當下抽回報到單，報到人員還一臉錯愕。還記得，回家告訴父親這個決定時，父親臉上流露出笑容，還會哼起歌來，那一刻，心理覺得和父親貼得好近好近。

影響自己最重要的一句話

自信就是成功的第一祕訣。
——美國思想文學家愛默生

父親的故事、母親的期望

軍校各種合理的訓練，或不合理的磨練，我都還算能處之泰然，都歸功父親在日常就在打「預防針」。

記憶中最深刻父親講的兩個他在軍中的故事。

其一，在雨季執行的夜間行軍訓練，全副武裝的班兵累到邊走邊打盹，結果小徑上有一水窪，走過的班兵不僅拐了驚醒，且鞋子更沾滿泥漿，但是沒有一個人發出聲音，直到最後一個走過，同樣拐了下，同時只能暗自發出幹譙聲。

第二個故事，有甲、乙兩名士官長打賭，看誰膽子大，半夜12點敢到營區附近某個靈異怪談甚多的墳場，在墓碑上掛塊餅乾。當甲士官長半夜一人逐一摸墓碑、掛餅乾，來到了一個很老舊的墓碑前，掛上餅乾時，從墓碑後長草叢伸出一隻手骨，悠悠說著：「我還要。」甲士官長不假辭色打了手骨一掌喝斥的說：「人死了，還這麼貪心。」

剛開始聽父親說的故事，只有乾乾應和的

Life 03

平靜的海洋，造就不出熟練的水手——詹佳誠

笑，但日子久了，頗有體悟，那是團隊福禍共享同擔的寓義，也是人生看淡生死恐懼的豁達。

或許是因父親事先為我做了心理建設，進到中正預校後，還頂得住操練。

剛入校就有學長帶動「黃埔十項」，什麼「灌唱片」、「人造衛星」、「螞蟻上樹」等遊戲輪番上場，每天還有跑步等體能鍛鍊。對剛自國中畢業15來歲的青少年，還是很折磨難挨的，所以每當感覺體力，甚至靈魂都要被抽乾時，我就告訴自己：「只要弄不死我，我終究還是可以看到明天的太陽。」

對母親而言，我就讀軍校，當時本地親友、鄰居普遍認為：「好鐵不打釘，好男不當兵。」去當兵的，不是書念不好，就是壞孩子，要不家窮供不起讀書，也念得不錯的家中唯一男孩子送去軍校？

母親沒上過學，總是回鄰居們說：「孩子總有天會長大，會有他們的世界，也是會離開家外出打拚，不管小孩在那，只要知道小孩平安、沒學壞，做個有用的人就好。」簡單的言詞、易懂的道理、小小的願望，都是蘊含無比深切的愛。

在軍校念書期間，能放假回家時，母親總會準

備一桌子好菜，像是在辦桌一樣。看著母親忙裡忙外的身影，聽著父親誇著母親：「今天加菜，托兒子的福，應該喝一杯喔。」父母對我的關懷與愛，都為我充飽了電，給了我繼續迎接挑戰的力量。

意志力突破，讓自己更強大

由於從小熱愛機械，又想開飛機直上九天、壯志凌雲的帥氣，我的第一志願原本是填空軍，無奈視力並不符合，所以依成績高低填寫志願，就進了海軍。想想，那一身白軍服更帥氣，而且海軍還可以乘風破浪、遨遊四海。

從相當於高中學歷的中正預校畢業後，立即面臨的就是進陸軍黃埔軍校為期三個月的各軍事院校聯合入伍訓練。

平靜的海洋，造就不出熟練的水手──詹佳誠

影響自己最重要的一句話

沒有人事先瞭解自己到底有多大的力量，直到他試過以後才知道。──德國詩人歌德

這三個月入伍訓練像是一個神奇的轉換器。把青少年轉換成青年；把身上的體脂完全轉換成肌肉；把腦神經格式化並提高千百倍對指令的敏感度；把對明天的希望磨存到只對下一秒生存的渴望……，無怪乎美國麥克阿瑟將軍名言：「給我一百萬，要換取我的入伍回憶，我不願意；給我一百萬，要我重新入伍，我更不願意！」，所以入伍的故事堪比人生史詩，可寫出一冊「入伍訓練啟示錄」。

錨鍊傳承、奔赴海疆

　　入伍訓練結束後，就是迎接正式的海軍軍官學校生活。

　　還記得，第一天進到左營海軍官校時，看到校門口兩旁，穿著海軍白色軍服的學長們列隊歡迎。

影響自己最重要的一句話

真正的才智是剛毅的志向。
——法國軍事及政治家拿破侖

耀眼的陽光下，更顯英姿颯爽、神采飛揚，掌聲與歡呼聲齊鳴，不僅倍感親切，也如釋重負。心想，過去三個月經歷了入伍訓練，應該是加入軍校以來，最艱難的一關吧！以後日子應該是和樂自在，海闊天空！看著、聽著、想著，心情好似當日藍天上的白雲，飄飄然了起來。

一進到新生隊宿舍，「臥倒」的指令馬上伴隨著哨聲而來，只聽新生隊幹部學長吼道：「鳳凰500年才能一次浴火重生，我們卻得在短時間把你們重新塑造……。」頓時明白，我們還在地獄中，只是從其他樓層，再下一層！此時，已然醒悟，繼續呼吸便是。

在歷經預校、入伍訓練的磨練，海軍官校的操練，與其說是挑戰體能的極限，倒不如說是挑戰「意志」的極限。

舉例來說，在假日前一天都會有一次所謂「三級保養」。有一次，我分配到負責浴廁清潔，自認各角落細縫都已顧及，視角看不到的還拿鏡子檢查。沒想到學長檢查時，直接用戴著白手套的手，伸進馬桶排水處的U型槽內。就這樣「一招斃命」。除了體罰，休假也已成幻夢泡影。

Life 03

平靜的海洋，造就不出熟練的水手——詹佳誠

還有很絕的一招是層層督導的「連坐法」。

　　一年級新生的夢魘，有一項「擺桌」的傳統。輪值的新生得在中餐前將負責的餐桌擺置妥當，桌椅、餐具擦拭明亮可鑑，連一丁點兒水漬都不容許。而二年級學長會往死裡挑毛病、提糾正，有較大缺失的，下課休息時間新生都會被叫到二年級生教室去接受「重新改造」。萬一問題是由三、四年級學長提出的，除了一年級新生受罰外，二年級生可都會被電得得哇哇叫！想像一下，這種情況，二年級生還會有人性的存在嗎？

　　而令人生不如死、死裡逃生、苦中作樂、淚中帶笑的是，海軍官校自成一格的傳統「聖誕夜」。

　　新生已進學校一段時間，生活模式逐漸融合，算是新生訓練一個階段的驗收儀式與活動。

　　最重要的時刻是晚上12點、凌晨時分！就一個小時，天地無極、乾坤借法，一年級新生「階級翻

轉」！一輩子就這麼一小時可以「絕地大反攻」的惡整學長。每個新生皆如豺狼虎豹，這一小時，雙方攻防、戰況可說十分慘烈，甚至沿著海軍官校外有一面圍牆之隔的住戶們，有不少居民還以為官校發生暴動打電話報警。活動之激烈可想見一般。

　　新生隊結訓後會分發至各老生隊。生活上，衣同、食同、住同、作息同，各種訓練、磨鍊，也甘苦共嚐、風雨同舟。只要上、下三期的學長、學弟們大多都認識，不管來自南北西東，都是一群弟兄。因此有誰放假時在外會交女朋友、談戀愛都知道，萬一心傷了也會回來吐露心聲，相互安慰。

　　正所謂「JOIN THE NAVY TO SEE THE WORLD（加入海軍放眼世界）」，歷經四載鍛鍊、精習航輪專業，在官校畢業前，都會藉敦睦

Life 03

平靜的海洋，造就不出熟練的水手——詹佳誠

 影響自己最重要的一句話

領導力在順境的時候，每個人都能展現出來，只有在逆境的時候才是真正的領導力。——阿里巴巴創辦人馬雲

遠航，一則敦睦邦交、宣慰僑胞，二則得以實習並驗證所學！當年我們那一梯敦睦到了新加坡及南非共和國。往返歷經了約三個月，那又是一段很豐富、值得回味的故事。

就這樣一期接著一期成長、接續，猶如錨鍊一樣，一環一環緊密相扣，前仆後繼奔赴海洋、捍衛海疆。

海洋在我的血液裏跳躍

海軍官校畢業後，第一個分發的單位是陽字號軍艦，負責兵器部門的事務管理。而剛上船最重要的隨行物品，竟然是塑膠袋。原因無他，自己暈船暈得厲害。而一出海就是好幾天，簡直就是煉獄般的考驗。

後來發現，克服暈船的方法，就是「專注」

影響自己最重要的一句話

發光並非太陽的專利，你也可以發光。
——華人首富李嘉誠

！因為當你遇到可能令你驚豔新奇的事物，或眼前有重要任務挑戰時，不適感就會降低，甚至被遺忘。靠著這個意志法寶，出海時，都會探索新的事務與挑戰！同時，也思索著，同樣一天24小時工作，如何可以有更大的挑戰、創造更好的收入。為此，我決定報名以訓練嚴格、危險度強、但服勤加級也最高的潛艦軍官甄選，也如願進入了潛艦部隊。

說到潛艦，腦海裡會浮現什麼畫面呢？

看過電影的可能就有些印象。潛水艇幾乎都是黑色塗佈，可以潛入海中，跟一般的艦艇長的不一樣。或許有人會聯想科技感十足的儀表板、先進的裝備，和俊挺軍士官穿梭其間，指揮若定的畫面，面對目標來場貓捉老鼠的遊戲。

實際上，我們訓練用潛艦可是二戰留下來的老古董，但保養得非常好。所有裝備、管線都可一目了然，易於學習了解實物及作動原理，但真的是世上僅存服役的二戰時期潛艦，還有些人戲稱是「鐵棺材」。

在以裝備為主的的空間裏，要塞進7、80人，相對活動空間就很有限，連睡覺都沒固定舖

平靜的海洋，造就不出熟練的水手——詹佳誠

位，這讓士官兵不得不採取「熱舖」來輪流休息。

　　除此之外，通艙式的空氣循環，有的是殘存艙間內的柴油機廢氣、有的是做菜的油煙已分不出菜色的香味、更有排放衛生櫃（類同化糞池）後，回排釋放在艙間的五味雜陳……。你能想像嗎？這些氣味混雜在一起會是什麼光景！相對的，艙間的含氧量也比一般開放環境低。這些種種惡劣的艙間環境下，還得時時保持高專注的狀態，對身理、心理都是很大的負擔與挑戰。因此有更好的福利及待遇也真的是理所當然，在這個崗位上一待十年，歷任了許多潛艦專業職務。

　　印象最深刻的一次狀況，是操演期間，船艙大量進水，船艏雖是朝上加速。但深度不斷向下，當初如果沒有各崗位的戰友一起迅速正確的處置，全艦官兵永遠都見不到天日了。

　　經過這十數年主要在潛艇經歷，任務、工作與

━━━━━ ♥ 影響自己最重要的一句話 ━━━━━

獲致幸福的不二法門是珍視你所擁有的、遺忘你所沒有的。──華人首富李嘉誠

生活環境的酸甜苦辣不在話下。在這裏，有專業的深化養成，也結識了一群生死與共的戰友。盡管每每出海，無論白天或黑夜、晴空或風雨，遠離了家人、繁華城市，但海洋就是水手的第二個家鄉、水手的戰場！

　　一次次海浪拍擊船身的節奏、一聲聲下潛警報急促的鳴號，都在告訴自己，又投入海洋的懷抱，海洋在我血液裏跳躍。

再大的成功，也抵不過不及格的家庭學分

　　在艦艇部隊服務期間最感到煎熬的，仍是長年在外，對家庭的疏於照顧。

　　2000年，當結婚六年的妻子向自己提出離婚。當時對我來說，覺得她背負家業經營、投資失利、獨立育女、內心真實渴望等等理由，讓我們彼此無法再相愛，強求有何用呢？我們算很理性的走過這一段，不成夫妻，仍可當朋友，盡可能給女兒一個精神上完整的家庭。

　　誰知，屋漏偏逢連夜雨，在我正在面臨失婚的煎熬時，一向硬朗的父親竟然病倒了，而且竟已是大腸癌末期，醫師評估只剩半年生命。在我

Life 03

平靜的海洋，造就不出熟練的水手——詹佳誠

心裡的鐵漢父親竟然會病倒，對我有如青天霹靂。

　　此時，命運的考驗對我仍未停歇，竟被調任到國防部單位。職務雖然令人羨慕，但每個月少了艦艇加級收入，而且離家甚遠。在與前妻投資失利累積的債務，和父親醫療自付項目支出的壓力下，每個月總是入不敷出的。

　　還記得初期在國防部期間，我曾經一個月花費不到百元，週五早餐後看有否剩的饅頭，可以當作假日的餐點，有班必加，以便補貼些餐點費。

　　但最令我煎熬的是，沒有多餘的錢支付南北往返的車資，分擔照料父親的事務、陪伴在父親身邊。

　　這段期間，多虧了母親咬牙挺住所有壓力，在母親的悉心照料下，父親比醫師評估的時間多活了幾年，但是母親卻因此也累出一身病。

　　在父親最後那段時間裡，發現母親為照顧他，竟然已滿頭白髮，抱著母親不捨地哭著，我在一旁也禁不住拭淚，心裡的酸楚幾乎無法承受。所以，在父親囑咐我二件事：一要維繫大陸老家及海外親人，家族關係不能斷；二還要我好好照顧他的女人。我當下允諾，並告訴自己一定要堅守這個男人

間的約定。而父親對我說的最後一句話——感謝我這輩子當他的兒子。我更是強忍不捨回應：我也多麼幸運的有您這位父親。

在父親走了多年後，我算把母親照顧得很好、小朋友也已成年展翅飛翔。每每回憶起往事，好似雲淡風清，但在當下，卻是刻骨銘心。

人生成就，來自於不斷的選擇、面對與付出！

選擇45歲退休，是歷經了近30年軍旅學習、職業生涯，想換個環境自我挑戰。財務上雖勉以溫飽，若想要有更好生活品質及未雨綢繆的準備，僅靠退休收入是有限的。

不可諱言的，無論軍階高低，重入社會就是一個老新鮮人，依年齡一般公司也不會要，選擇機會有限。所以常講說退伍軍人多從事保險、保全、寶塔，所謂的「三寶事業」。而以前常自

影響自己最重要的一句話

成功很簡單，只要比失敗再多堅持、奮戰一次就行。——佚名

我調侃的說：「軍人只有兩樣不會。就是這個也不會，那個也不會。」但面對全新的環境，一切重新來過，就修正成：退伍軍人只有會兩樣，就是「這個學就會，那個做就會」。

正好，當時有一家專售保健食品及安全無毒生活用品的公司，標榜著「免費開店」觸動了我，心想可以照顧自己及家人健康，又可一圓創業夢，真是天賜良機、一舉多得，於是一頭裁進組織行銷領域。

然而，在經營兩年後，我體會「選擇比努力重要」，因為當公司、平台不是那麼適合自己時，努力很容易枉然。

不過，雖然沒有賺到財富，但也經歷、學習到很多，也讓我體悟到何謂「隔行如隔山」，要縮短成功所需的時間，最重要的就是要有名師指路、貴人相助。而在創業過程，有幸認識陳心琳女士跟林

影響自己最重要的一句話

勝利者往往是從堅持最後五分鐘的時間中得來成功。
——英國著名數學家及物理學家牛頓

靖瑞先生，一起合作多年，雖也曾受過阻礙、遭遇風險，但從他們身上讓我親眼見證、學習到：

成功的人不是不會跌倒、失敗，而是再站起來的速度、與對目標渴望與堅持的意志。

而且，再強大的人也需要有志同道合的同伴。

因為一個人或許可以走得快、但一群對的人可以一起走得更遠、更高。

就這樣，一路走來，一連串的驚喜與衝擊，重新找回那個充滿好奇心與奮鬥不懈的自己。

感恩惜福、傳愛付出

組織行銷低門檻創業、快速倍增、打造管道收入的特殊性，讓所有人都有一個公平的起點，只要有正確的信念、鋼鐵般的意志力、善良助人的心，就一定能克服萬難，幫助自己成功，也幫助更多人成功。

而在這幾年的時間裡，聽到很多觀念，也讓

Life 03

平靜的海洋，造就不出熟練的水手——詹佳誠

我從過去的經歷中得到印證，更知道如何結合過去的經驗，墊高現在的視野，而非從零開始。

舉例來說，常聽前輩說：「事業在乎不外有二，一是專業，二是人品；專業可以賺錢，人品可以賺到人，這才會是真正的人脈與財富。」也常聽先進講：「成功很簡單，只要比失敗再多堅持、奮戰一次就行。」而最令人深刻的還有「感恩之心離財富最近。」

回想過往，感謝小學啟蒙林清富老師與邱麗滿老師，滿足我許多好奇發問，還矯正我口急的問題；軍旅生涯，從進到潛艦單位的首位艦長李肇鵬長官，對事嚴厲，卻深入瞭解部屬的生活，隨時給予關心；以及進到國防部擔任參謀職務時，為我這菜鳥參謀領路、指導的呂志堃長官，都是我在學習與成長中很重要的典範。

在我困難時，慷慨解囊，挺義相助的同學閻宗孝、劉義忠；和身處不同兵種，但始終是我的良師益友的唐齊中長官，都是我在谷底能支撐下去的重要力量。也要感謝創業過程，陳心琳女士、林靖瑞先生、李佳怡女士扶持相助，共創卓越。

最重要的是獨具慧眼的郭惠美女士，看到我

雖是本封面陳舊，但內涵十足的好書，用愛與包容、付出與奉獻，讓我重新歌頌完整可愛的家庭。

獲致幸福的不二法門是珍視你所擁有的、遺忘你所沒有的。

這些所擁有的，不就是曾經做過的事所迴響而來的嗎？我們很難回到過去的某一個點，去改變現在的事實，但可以現在改變、做些什麼，來開創自己想要的未來。

打開心胸去傾聽，就可能帶來無限的轉機

這些貴人引領、幫助、扶持了我，給了我可以改變、修正、創造未來的機會，也讓我看見了自己的可能性，同時也讓我們更確定，而無論我們再聰明、能幹、有成果，總有人外人、天外天，僅獨享其成，必難長久，唯有感恩惜福，傳愛付出，幫助更多人，才會更加興盛繁榮。

Life 03

平靜的海洋，造就不出熟練的水手——詹佳誠

影響自己最重要的一句話

一個人走得快，一群人走得遠。——非洲諺語

很高興藉由這本書之一隅，讓我回顧了自己過去人生中的點點滴滴，誠摯希望這些經驗，能為看見的朋友帶來一點鼓舞的力量，在覺得無計可施時，知道天無絕人之路，**光是打開心胸，問問自己，也傾聽別人的聲音，就可能帶來無限的轉機，遇見希望。**

啟動卓越人生

平靜的海洋，造就不出熟練的水手——詹佳誠

卓越領袖學院院長　蔡英杰

提高標準
完成你想要的改變

過去從來就不是界限，除非自己拿來為難自己！

關於　蔡英杰

個人簡介 》》

在市場長大很平凡的小孩，從小就不愛讀書國中也沒畢業。

14歲就早早進入社會，從餐飲開始謀生，豐富的餐飲經驗奠定日後開業的基礎。曾經踩進幫派的邊緣，打電動打進職業電競圈，做潮牌進出各大夜店過著燈紅酒綠的生活，經營過各種類型的生意，善長展店創業更輔導出許多的店老闆。

而現在身處網絡營銷產業，帶領遍及十個國家的團隊，成為月入百萬台幣的領導人，更系統化一套有效的方法成為線上培訓學院的院長。

經歷 》》

13年投資經營管理：連鎖火鍋店、連鎖飲料店、連鎖生活百貨、自創潮流服飾品牌、自創甜品店

5年企業團隊經營：創辦學富五狙系統、指尖傳媒CBO、萬人電商創業教練

2年連鎖加盟事業：連鎖加盟系統展店顧問，曾服務台灣品牌發展超過700間加盟店

媒體採訪 》》

台灣168周報284期專題報導——網路商機：日賺萬元你也可以

對每個人來說，出生在哪個家庭、成長的環境我們沒有辦法選擇，甚至你讀書的學校、上班的地方，可能也都是被安排好的。

但同樣的環境背景，依然可以造就不同的發展、創造不一樣的結果，因為每個人每天都是24小時，你完全可以決定自己要怎麼過。

用生命影響生命

接到出書提案時，心裡是又興奮但又有著不確定感，覺得自己國中都沒有畢業，甚至都不是一位愛看書的人，能為讀者帶來什麼價值？

但確實這幾年，我不斷在幾十人到上千人的活動，分享著我生命的改變，從台灣到亞洲幾十個城市。我善長把複雜的事情變簡單，系統化許多工具與方法，希望可以透過分享，幫助更多人改變生命。如果能透過我的分享改變一個人的命運，那麼我會全力以赴去完成，這也是我現在每天都在做的事情。因為我相信**任何一種行業都有其存在的價值，但沒有一種行業比改變人的生命更有意義。**

很多人每天都說著要改變，但其實什麼也沒變，對嗎？這也是我最想和你分享的內容，而這一切都要從頭說起！用一點點的時間跟著我，看看一個平凡的市場小孩是如何提高標準達成月入百萬台幣，並改變人生！如果，這也是你想要的結果！

叛逆只是想在群體中突出自己

回顧我的童年，講起來也是一整個平凡，但很感恩父母沒讓我吃什麼苦，在市場看著父母在攤位忙進忙出的背影奠定我想要賺很多錢的想法。

打從出生父母就在台北濱江市場做生意，賣的是港式烤鴨，到現在還沒吃過那麼好吃的烤鴨，不是我賣瓜，是真的棒。從有記憶以來，爸媽總是清晨四、五點就要起床烤鴨，直到中午生

提高標準，完成你想要的改變——蔡英杰

 影響自己最重要的一句話

願意改變不是因為環境，人們改變是因為選擇。

意結束後，又要開始忙著備料，忙錄的生活雙手幾乎沒有空下來的時候。

很自然的，假日或是過節時我和姊姊常會到攤位去幫忙，對我來說，那與其說是工作，倒不如說是在玩，幫著父母收錢、找錢、跟客人聊天，也或許是這樣的經歷，種下我日後做生意的熱情。

雖然我父母在市場賺的是辛苦錢，但對孩子的教育也不吝於花錢。小時候，只要是我們想學的，父母很少不點頭的，我在國小就學過跆拳道、電子琴、各種補習班，但經常是一天補魚、三天曬網，覺得無趣就不去，一頓罵也就結束了。

有這樣開明的父母，照理來說，我沒有任何變壞的理由。但偏偏上了國中，我還是成了別人口中的壞孩子。

國小的時候，面對一群人的勢力，也決不退縮反抗到底。反而跟這群勢力成為好朋友。這就是不打不相識嗎？也許在別人眼中，我們這群過動的孩子，是老師眼中的頭痛份子，但對我來說，不過就是喜歡和在一起，並在路見不平時，一起仗義直「拳」而已。

不知道何時開始，放課後的生活不是堵人就是

被堵，一次又一次的事件已經不是小孩子的拳打腳踢，開始有地方角頭的介入、幫派的插手，腥風血雨過後，黑白兩道都知道了我們的名字。打出名堂的代價就是經常有不同的幫派會想要來吸收我們，還是不讓你拒絕的那種，逞兇鬥狠的結果就是不斷出入警局，最後走進法院。

在法院裡，我看到的是母親的眼淚，得到的是為期六年的保護管束。

原本的學校是待不下去了，換個環境？要嘛不混，要混就混大一點？我必須做出選擇。父親告訴我，讀不讀書、混不混幫派都不重要，只要我能為自己的決定負責就好。

我的選擇決定了我的人生，國二那年揮別了校園生活，展開我的社會生涯。

周遊列國　在社會大學累計學分

我的第一份工作，在自助餐餐館裡打雜，老

影響自己最重要的一句話

人可以離開學校，但不能停止學習。

Life 04

提高標準，完成你想要的改變──蔡英杰

闆是我們家烤鴨多年的廠商。

　　沒學歷、未滿16歲的童工，還有案底，我想我能選擇的並不多，對吧？

　　不過，因為在自助餐館裡打工，就代表每餐都能吃好吃滿，簡直太幸福了，加上餐館內的人都很好，即使兩頭班的工時很長超過10個小時，我還是甘之如飴。

　　第一次領到不足一萬元的薪水時，抓著薪水袋點鈔票時興奮到雙手都在發抖，這是我靠自己的雙手拿下來的辛苦錢。當天下班後，馬上衝去夜市買衣服、買鞋子，吃所有想吃的東西，很快就所剩無幾，才知道原來錢這麼不經花，衝動，很容易讓事情失控。

　　對一個從小在市場長大的人來說，在餐館裡打打雜、跑跑外送、幫忙結帳，沒客人時跟大人們沒大沒小的聊天，都是很日常、再自然不過的事。

　　但我愈來愈清楚知道，打工並不會讓我變有錢。我必須提高標準，因為我想要更好的。

　　當時我有兩個選擇。我愛撞球，也玩得超好，來一盤指導球是沒有任何問題的。牛排館，吃好吃滿還有錢賺，那還有什麼好猶豫的？住家附近的連

鎖牛排館剛好準備開幕正在應徵儲備幹部，帶著志忐忑不安的心情上門應徵，居然順利被錄取。

　　動作快還會自己找事做，這樣的態度讓我第二個月，就從兼職生成為正職員工，第三個月就當了廚房副手，很快就得到店長認證掌廚煎牛排。對我來說，我只是在那個位置自動自發的做好每一件我經手的事，即便那件事是刷鐵盤而已，直到總公司督導來巡店時表示驚訝，我才知道這樣的跳升進度，其實並不常見。

　　因為晉升快、加薪快，站上副店長的位置後我發現，牛排館已經沒有可以學的東西了。畢竟，砸了大錢加盟的店長，是不太可能把帳務、經營管理這些要務交給一個外人。

　　對於一個沒有成長空間的環境，我開始覺得無味，我想要負責的更多，我想要掌控的更多，我想要提高我的標準，我做了選擇，提出辭呈，

 影響自己最重要的一句話

未來就是創造一個未來的幻象，
然候朝著那個幻象努力使它成真。

尋求其他發展機會。

人在社會不是得到就是學到

　　我很清楚自己工作的目標，是要學習新的東西，掌握更多的技能，所以在離開牛排館後，我經常換工作，想找到有發展的職場，泰式料理、日本料理、美式餐飲，也在咖啡廳、手搖飲和便利商店待過。

　　在面談時，我從沒提過薪資要求，在工作時，我和別人要的也不太一樣，除了做好本職工作，更多的是想學習經營管理，有成長的空間才是我要的。

　　但事情沒有這樣發生，學習到的總是皮毛，留一手好像是常有的事，天真的以為只要願意學就有人願意教，其實不然。如果現在有一位導師願意把本事教你，請你好好珍惜。

　　對於餐飲的職場疲乏困惑時，偶然的機會進

影響自己最重要的一句話

願意擁抱約束障礙而無所畏懼的人，是自由的。

入了親戚開設的設計裝潢公司，我帶著度假的心情，搬離熟悉的家，在新的環境打地舖，成為工班的一份子。

工班的生活幾乎不太需要思考，搬磚頭、扛水泥、頂著20公斤重的鑿破機拆RC牆，上班時揮灑汗水、下班和工友小酌兩杯過日子。工班裡很多刺龍刺虎的兄弟，曾經游走在幫派邊緣的經歷讓我們「氣口」很合，相處起來是很愉快的，也經常聊起彼此的過去，感覺現在的日子過得平凡卻充實，言談之間除了欣慰，也會用他們自身的故事，期許我繼續走這樣的「正途」。

那段期間，我開始懂得感恩。有這樣開明的父母，像放風箏一樣，不讓我感到拘束，也不放我偏離常軌。開始明白其實住在家裡最幸福，吃喝不是問題，不用繳房租水電，還會有人不厭其煩的關心你，真的很棒。

沉澱了一陣子，我的腦海裡開始有一些聲音，我現在在這裡幹什麼？這是我想要的嗎？我反覆思考著：過去豐富的經驗讓我找工作不是件難事，但是我發現經常性的換工作履歷華而不實、樣樣通樣樣鬆。這讓我想到小時候，常有人

提高標準，完成你想要的改變──蔡英杰

問：長大了想做什麼？我的回答經常不一樣，今天是警察，明天是發明家，後天又是個什麼家，想要的太多總是在變。

長大後的我們也大都沒實現兒時的夢想，當然原因有很多，但其中肯定有一條是我們的生活缺少了一種態度，它叫「專注」。

明白這個道理的時候，我的兵單已到。

每個人都會害怕，但成功的人會面對它

豐富的餐飲經驗，下部隊分配到了伙房也是很正常的事。但是這個單位不小，一個旅數千名官士兵，天還沒亮就得起床準備早餐，阿兵哥在吃早餐的同時我們已經在準備午餐了，廚房十多人的編制，扣掉出嘴不出力的老兵能幹活的人並不多，卻要服務上千名官士兵的每日三餐，每天從雞叫做到鬼叫，那是一段需要咬牙渡過的日子。

入伍前就聽說：想辦法讓上級喜歡你日子會好過很多，為求表現什麼事我都拼了命去做，同樣的菜我總是要切的比別人快、同樣的環境除了乾淨我

更要打掃的比別人快，也讓學長們很欣賞。有一天事件發生了，背脊受了傷，當下我已經無法站立，被抬進醫院。

這個突發事件讓我面臨從未面臨過的挑戰，挑戰的不止是身體，還有心理。

進不了廚房，被調回連上養傷，恰好新來的輔導長需要一個文宣，於是一個菜鳥長官帶一個菜鳥兵，前一任長官又沒做好交接，從來沒用過文書工具的我邊摸索學習、邊實戰應用。在冷氣房工作讓原本伙房的同仁看不慣，認為我裝病調回連上占一個爽缺，從此處處找麻煩，上司、同袍誤解的眼光，各種抹黑、排擠的手段，讓我有口難辯開始封閉、武裝自己只想當個獨行俠。

人生一定有過一種經驗，就是福無雙至、禍不單行，壞事總是接二連三的來。當兵最怕的事除了禁假應該就屬兵變了，就是那麼巧，同一時間發生在我身上，老天爺真的很喜歡對我開玩

 影響自己最重要的一句話

所有你能尋獲的快樂，都來自於你自己。

笑⋯⋯。被壓抑的環境加上突如其來的刺激，理智線基本上被剪斷了，拿槍衝出去拼命的心情都有，很自然成為列管的對象。凡事都有一體兩面，發生這件事為唯一的好處就是，我就像顆定時炸彈，沒人敢找麻煩了。

接連的磨難激起我的勇氣不再逃避，也沒什麼好牽掛了，我專注在我的職務上，與輔導長互相扶持做著各式政令宣導工作，挑燈到天明是經常性的事情，最後能夠面對別人的眼光逐漸化解誤會，更在退伍的前一天與上司、同袍把酒言歡。因為人們不會在乎你說了什麼，只會看你做了什麼，你認同嗎？

做事的態度就等於做人的態度，要創造不一樣的結果，必須要有人情味。

打工仔的職場天花板

當兵放假都泡在線上遊戲的世界裡，投入的時間多玩的就不差，甚至都能賺一點零用錢。退伍後我一邊玩著線上遊戲一邊找著工作，沒有學歷、沒有背景，只能往擅長的事情去走，沒錯！又是餐飲。

我從一間複合式餐飲的兼職開始做起。做兼職，其實只是為了多一點時間玩遊戲。但做沒幾天公司就因為轉手換了老闆，新老闆是全台最大KTV的高層，哇～心想這次有搞頭了吧。重新面試過後舊有的員工被刪去了大半，因為我能進廚房出得廳堂被留了下來，這一留就是兩年多，為我創業路打下深厚的基底。我很清楚，我要盡快成為能主導的那個人。

全店重新翻修，從外場的座位安排、菜梯的位置、服務人員的動線、挑選餐具、內場各式料理的作業區動線、招募新人、培訓……等等，大大小小的事我都參與其中，開幕後從外場開始又走進吧台，最後成為主廚掌勺，每天生意都好的不得了。這是全新的感覺，我也從中感受到內心的踏實，那種靠著一點一滴努力付出得到器重的感覺，很快的能力被看見，得到了晉升的機會。

Life 04

提高標準，完成你想要的改變──蔡英杰

影響自己最重要的一句話

你會成為你不斷重複思考的結果。

這次的晉升跟以往都不同，不光是店經理的職稱，真正開始負責經營和管理，老闆設定了業績目標，獎勵是一定比例的乾股與調薪，我心想一定要拿到並思考著怎麼做到，我開始條列式的寫下我的計劃並一一推演執行的可能性和能創造什麼結果。

是的，一個月的努力過後我得到了晉升，公司同時在擴大經營的版圖，計劃分店的開張，這時我覺得我的前景光明，要大放光彩了。

就在這樣的時刻，父親表示他準備集資開一間涮涮鍋店，非常需要我的經驗來主持大局。我很猶豫做不出決定，人生剛發展到一個新階段，還拿到乾股，要放棄有點為難。更何況我沒有真正的出資開店的經驗，我認為當老闆和當主管是全然不同的事情。

到底該如何做出抉擇？我做了一個決定，請了一個禮拜的假，想知道店裡少了我有什麼差別，哪一邊更需要我？一個禮拜過去了，我發現一個

影響自己最重要的一句話

生活的悲劇不在於受到多少困境，而在於錯過了什麼。

事實：原來許多時候我們覺得自己很重要，實際上沒有你這世界依然在轉動。沒有非誰做不可的事，也沒有不可被取代的人，一旦你停下來就有可能被淘汰，這讓我知道我必須為自己創造更大的價值，才有更大的影響力。

　　我做出選擇，決定要提高我的標準，主管變老闆，投入創業開店的計劃。

菜鳥店長的人事學分

　　這不是父親投資的第一個事業，卻是我的第一門生意，那年我才22歲。

　　一間連鎖加盟涮涮鍋占地40幾坪的大小，投資金卻要新台幣550萬元，我是負責人擔任經營管理，還有10位股東都是市場裡的生意人。如果你想要創造自己的事業，除了時間、精神和勞力，你必須投入資金，因為錢在哪裡，注意力就在哪裡。

 影響自己最重要的一句話

人類百分之九十的問題，在於不夠興奮。

提高標準，完成你想要的改變——蔡英杰

從打工仔一下子提高了標準，擁有的多，要付出的就更多。開一間店要考慮的事情真的太多了，小到衛生紙，大到店面的裝潢監工，如此深入每一件事情，都是第一次。最重要的是沒有藉口說不會、不知道，因為我就是負責這間店的老闆，背後更沒有主管可以讓我依靠了。

　　硬著頭皮去對面財務報表上的數字，天哪～我國中都沒畢業啊！，但這不能成為我不會的理由，畢竟，我得對我的股東負責。外帳配合會計師，內帳還是得自己來，學損益表、學稅務，接著學物流、學驗貨、學品質管理，人員要應聘、要培訓，什麼環節都必須懂，你不能單靠你的員工，否則就會被別人牽著鼻子走。開始明白從老闆的角度看事情，每個步驟都是環環相扣，每個細節都可能影響下一步的結果，不是做好一件事就好那麼簡單。

　　加倍的付出換來的是加倍甜美的果實，開幕時大排長龍，從開店到閉店全程客滿沒有一刻停的下

 影響自己最重要的一句話

財富來自豐盛的交換。

來，單日營收破20萬這還是打了九折的情況，打破全台灣加盟店紀錄。

　　第一個月開店、第二個月買車、第三個月買房，我到現在仍然記得當時在選擇車款、裝潢新房、挑選家具的喜悅。能有這樣的表現是預期中的事，因為開店前我拿起計算機算了一下上班10年的結果和開店10年的結果，於是我離職了。到目前為止再也沒有上過班。上班不是不好，只是用不著上一輩子的班，因為我的目標愈來愈清晰，我想要過的是「講究」的生活，不是「將就」的生活。

　　第一間店的成功很快迎來第二間，面積和成本都翻了一倍，一百多坪的店面成本將近千萬，連總公司都來插股。投資金額不小，股東們都希望我能去支援，協助打地基。當時也沒有多想，做就對了。現在不拼難道要等老了在拼嗎？

　　一號店找來姊姊幫忙店務，我成為二號店股東代表協助打基礎。過程中發生各式各樣的事件，有年輕的員工集體翹班，有年紀稍長的員工覺得太累就不來了，我很快發現，並不是所有員工都像我一樣頭好壯壯、耐操耐磨，還能主動補

位找事情做，人員不穩定調度就經常發生狀況，更無力的是，偶爾竟然要幫忙排解感情糾紛，許多事變成不得不親自處理才行。發展太快的壓力、飲食作息不正常，身體開始出現狀況但還不自知。你是不是也有過這種經驗，完全投入在一件事情上面，往往會忽略一些也很重要的人事物，對嗎？

蠟燭兩頭燒，顛覆平靜生活

　　隨著時間的推移，調整了人力的架構後，大多員工都是有家計負擔的姐姐、阿姨們，服務相對穩定的多。逐漸熟悉經營門店的各項環節，系統化後放手給資深幹部。我開始嘗試做其他生意，例如加盟飲料店、試過自創甜品店，也做過潮牌。這些生意有的經營得不錯，也有投入後連本錢都沒有拿回來的情況。

　　還不到30歲，已經擁有多間門店生意的經驗，

 影響自己最重要的一句話

**在成功的道路上，如果你沒耐心去等待成功的
到來，那麼你只好用一生去面對失敗。**

有成、有敗，總結出許多心得，經常被邀請擔任展店顧問。也首次接觸到業務行銷的工作，我得承認這方面我並不擅長。一次加盟展協助台灣品牌展店的機會，第一天掛蛋，因為我跑遍全場觀摩別人怎麼講話術，第二天開始「做業務」，第三天就創下整個展場最高簽約數的業績。

這次的合作，讓我發現原來自己也能勝任這個行業。**只要你有意願，你相信，就有可能發生，但如果你不相信，那就不會發生。**我總結了一下為什麼能創造跟別人不一樣的績效？因為同事把溝通重點放在講解加盟細節以及遊戲規則，我把溝通方向朝向圓夢，我幫加盟商塑造一個加盟後未來的願景、畫面讓他們看到。想創業的人一定是對現在的工作或生活不滿意，才想要創業。這些人都是想要提高標準，完成他想要改變的人生，田此你只要知道為什麼並與他產生共

Life 04

提高標準，完成你想要的改變——蔡英杰

影響自己最重要的一句話

我們的生活缺少了一種態度，它叫「專注」。

鳴，就容易溝通。

　　只是，展店這件事是有極限的，全國展店也有很多的限制，特別是地段、地段，還是地段。我的展店業績很不錯，但終究有一個臨界點，更何況業務工作是有做才有，沒做就沒有，不穩定的收入加上我的甲狀腺亢進症狀開始爆發，顛覆我的生活。

　　如果原本看似一帆風順的生活如果突然間變了調，開始崩垮，那一定有個明確的原因。

做自己命運的主人

　　多年來的超時工作，加上各種隱形壓力和抽菸、喝酒、熬夜打電玩的行徑，終於讓身體發出抗議。過去沒把健康這事當真，現在讓我吃盡苦頭，甲狀腺亢進讓我體溫飆升、眼睛凸出造成嚴重散光、脖子變粗、手會發抖、情緒焦燥、失眠、腹瀉，心跳加速的感覺就像是人是平靜的坐著但心跳卻在跑百米，這些症狀讓我人不像人鬼不像鬼，甚至都不想看到鏡子，因為已經變了一個模樣。白天出門衣服就會溼透，嚴重盜汗，甚至心悸，晚上出門看不清楚，真的很痛苦。

當時自己投資的店和品牌有資金壓力，賺點小錢時沒問題，一旦無暇營運，就出現資金缺口。同時間，賣車、賣房把大部分資金投入周轉，最後也無法經營只能頂讓收攤。

病痛纏身的時候，想到不久前還是有車、有房、有店很風光，怎麼感覺一夕間，已經變得一無所有。屋漏偏逢連夜雨，姊姊，媽媽、阿嬤、阿公，身體也都出現狀況，還被一個朋友吞掉一個店面。在當時，我真的身心俱疲。這期間，也見證人情冷暖。狀況很糟，也不願意讓家人知道的太清楚，硬撐。各種帳單、費用要繳，沒有收入但支出並沒有改變或減少，為了吃飯和看病，窮到連代步的機車都得賣掉。

為了生存，要走馬路的事幹不了，那就走網路，慶幸還好沒把電腦給賣了。一個人的時間和體力有限，除了自己在線上遊戲打怪刷寶賺錢，還在遊戲裡組織團隊排班表刷幣換現金，打造幣商工作室。為了擴大版圖賺更多，同時想把潮牌放到網路上銷售，甚至不惜信用貸款，借了50萬來經營幣商和維持潮牌的開銷，最終人工打幣不敵人工智能打幣，潮牌也沒怎麼賣，錢卻燒光

Life 04

提高標準，完成你想要的改變——蔡英杰

了，而且已經沒有任何東西可以典當了，真的是生命的谷底。所以說，人生一定要有備胎，不然被關了一扇門，卻沒有另一扇窗可以開。

當時電競產業剛要開始多間科技公司正籌備職業隊，許多的業餘比賽瘋狂般舉行，我心想遊戲打的不錯就組團比賽吧，還有獎金可以拼拼看。很快我帶領的隊伍在業餘比賽中獲得第一，表現優秀的隊員也被選進了職業隊。本人因為甲狀腺機能亢進手抖的嚴重，競技類的遊戲根本無法下場比賽，卻非本意的亂入職業電競圈成為客座教練。

跑了幾家大醫院，醫生都只願開藥調理不願開刀，說明我的病況特殊風險較高，必須幾乎切除甲狀腺，只留下百分之十，併發症和危險性什麼的就不說了。吃藥調理一陣子終於有一位院長願意動刀，只是費用不斐。人生第一次手術，真的忐忑不安。因為手術前說約三個小時就能完事，事實上用了超過兩倍時間，聽說切除範圍很大，愈大愈有可能引發併發症，甚至危及生命。術後小命是保住了，但體質改變了、聲帶功能影響了、甲狀腺素永久性低下，得吃藥一輩子。

人生路上有高有低，有甘有苦生命才完整，因為低潮過後，就要高潮了。

你不能控制自己的工作，但你能改變自己生活

　　「如果你沒有找到一個，當你睡覺時還能賺錢的方法，你將一直工作到死。」這句話是在一個事業說明會上聽到的，我心想，這就是我要的。**窮過，才知道錢不是萬能、但沒有錢萬萬不能。病過，才知道健康是唯一、其他都是零。**人一輩子就忙這兩件事，有這個機會同時擁有，那我一定會全力以赴。

　　於是我放下成見，空杯學習，十天後正式開始這個事業，兩週淨收入就突破台幣25萬，兩個月後被財經媒體報導，用一年的時間將培訓系統化並跨出台灣開始海外巡迴會議，兩年達成月收入破百萬台幣，團隊遍及十個國家。

 影響自己最重要的一句話

人生路上有高有低，有甘有苦生命才完整，
因為低潮過後，就要高潮了。

有這樣的成績關鍵在於「我有意願提高標準，完成我想要的改變」。

逐夢踏實，人生處處新契機！

有四對夫妻讓我這幾年生活有天翻地覆的改變：蔡騰緯及盧永沛夫婦帶我進入新事業的門、林靖瑞及陳心琳夫婦總是不厭其煩的關心與支持、翁承旭及王宥忻夫婦擴大我思想上的格局，還有創立電商平台的王總裁及左總裁，幫助了百萬人生活得到改變，特別感恩這八位貴人，也感謝一路上相互扶持的夥伴們，沒有他們就沒有現在的我。

「從前我在提水桶，現在我在建管道」。曾經有一個偏遠的村莊嚴重缺水，有兩個人用各自的方法解決水的問題。一名壯丁買了兩個水桶就衝去兩公里遠的水源打水回來賣，穩穩的走就能穩穩的賺，另一名瘦男則制定了計劃找了一個擁有專業技術的工班合作搭建管道引水進村，雖然水來的比較

影響自己最重要的一句話

或許你不能控制自己的工作，你能夠改變自己的生活。

遲，但管道源源不絕的水成了他的被動收入，而挑水的壯丁看似穩定，但無論多麼努力，一旦休息收入就停止。

在生活中很多人寧願挑水也不願搭建管道，因為有六個字阻礙了他們，前面三個字是「不知道」，後面三個字是「不相信」。前者有救，後者沒得救了。如果我們「不相信」自己可以得到美好一切的話，這輩子已經到頭了，因為不相信導致拒絕了所有的機會。如果我們「不知道」有些人可以月入百萬、有些人可以突破千萬，富豪們甚至可以突破一個億，但是你從來都不知道，又怎麼會想象有可能發生在你生命當中。

資訊的落差等於財富的落差，如果你想要賺本來賺不到的錢，就要知道你本來不知道的事。

你認同嗎？去吧，去瞭解那些有可能改變你一生但你還不知道的一切吧。

Life 04

提高標準，完成你想要的改變——蔡英杰

我在三十幾歲才真正了解自己，期許我的故事能讓更多人察覺：

　　你的過去並不會決定你是一個怎麼樣的人，因為決定你是什麼樣子並不是你的能力，而是你的「選擇」。

　　從現在開始提高你的標準，完成你想要的改變。

啟動卓越人生

提高標準，完成你想要的改變——蔡英杰

站在巨人的肩膀上
開闢屬於自己的舞台

成功要找方法，複製財團的成功經驗，
為自己架構團隊銷售。

關於　牟伯鴻

個人簡介 》》

父親來自山東日照，母親來自萬華迦納，所以我是芋頭也是蕃薯（台語發音）。自從退伍之後的創業，經歷失敗且負債台幣3000多萬元，該如何翻身呢？

我透過房產以組織行銷，團隊運作的方式擴大徵才，擴大夥伴數量，增大業績量，翻轉了我的人生財富。我以戰神戰將之姿，在300人的團隊裡，連續四年第一名，每個月收入破百萬元，還清了負債，並且投入房產以存房養房的概念，先賺租金，再賺增值價差的模式，多一個啞巴兒子賺錢，增加財富。

經歷 》》

年輕時代缺乏經驗，資金不足，少不更事，衝動創業，以致於失敗收場，我經歷像是開印刷廠、開川菜館、開仲介公司自創品牌等。但我不氣餒，在不停摸索中，找到依附型創業模式，不需要資金，依附在財團高報酬率的創業運作之下，以及跟著政府的軌道經濟，投入房產，加上運用組織銷售，團隊運作，站在巨人的肩膀上，開闢屬於自己的舞台，讓自己成為專家，成就了人生勝利組的贏家。

回想年輕時代缺乏經驗，資金不足，少不更事，衝動創業，最後失敗收場，當時我已經38歲了，還有很多理想抱負未完成，況且又負債台幣3000多萬元，如果是你，怎麼辦呢？如何翻身呢？

後來我發現：「專心專注房產」，選擇投資報酬大的獲利工具以及選擇獎金高的建設公司，並且可以架構團隊運作——你的團隊業績就是你的業績，於是你的業績一定會在短期之內做的又多、又快、又好、又穩定！你，同意嗎？

為什麼選擇不動產建構我的成功模式？

當你步入青壯年，卻身背台幣3000多萬元時，你的人生選擇是什麼？怨天尤人？或是奮力一搏？這就是我當時的情況——我38歲創業失敗，卻還有很多理想抱負未完成，還負債台幣3000多萬元…….。最後經由周遭好朋友的建議：唯一翻身的機會就是去房產公司學習特殊的創業做法，因為想翻身，

就要找水庫大，找超高利潤的公司。於是多方打聽到我所選擇的這家建設公司不同於一般仲介公司，也不同於一般的代銷公司，它可以選擇有累積業績＋永續收入的平台。

畢竟在當時的我，只想快速解決我自己的負債，想給我的另一半幸福的日子，想給我的家庭富裕且凡事不缺的生活。因此，我唯一只有選擇這家特殊做法的建設公司來學習，來複製財團的成功模式，聽話照做，去依循有成功結果的人的方法，複製成功的經驗去學習，就能達到快速成交及快速成功。

所以我在短短四年之內，跟著這家建設公司的成功經驗法則，每個月收入百萬，連續四年第一名，讓我還清了負債。在這裡，我除了要感謝建設公司，感謝幫助我的主管，更感謝一起打拼的戰友，感謝所有的夥伴……。

Life 05

站在巨人的肩膀上，開闢屬於自己的舞台——牟伯鴻

 影響自己最重要的一句話

讓自己遠離貧窮是一種責任。

我將繼續發揚這樣成功的方法經驗，幫助想成功的人，幫助人賺到財富，幫助人把錢發揮到最大產值，並且讓錢去賺錢，讓錢去咬錢，讓錢自動流進來。

幫助人翻轉人生，讓人財富自由，家庭美滿幸福，是目前我定下的目標！

跳出舒適圈，進修新學分，創造個人高峰

或許是天生的創業魂，難以一直停留在舒適圈。在進入房產領域第4年後，該建設公司因為想進軍新北市林口的新市場，在公司內徵求有意願的人選時，我二話不說就決定赴任。

敢於跳出舒適圈，除了看好林口新市鎮的前景，另一個更重要的原因，是因為在蹲點多年後，我開始看到原有市場的限制。

原本，我認為這家公司之所以強大，另一個重要原因在於，老闆善用「組織行銷」的概念，設置

影響自己最重要的一句話

幫助人把錢發揮到最大產值。

了專員、主任、副理等職銜，讓業務每賣掉一定戶數，就能上升一個職銜，領的業績獎金％數也不同。

到了主管職等時，和業務仍處於單打獨鬥不同的是，主管需負責帶團隊，除了有培訓獎金外，更可讓有領導能力的人，發揮團隊作戰的能力，讓整體戰力提升。正所謂的「一個人銷售業績太慢VS.一群人的銷售業績一定又多又快又好又穩定」的想法就是如此。因為每年都會有考核，當業績往下掉時，職銜是可能會下調的，所以面對這樣的情況，會推動所有人都有不進則退的戰鬥意識，因而創下佳績。

只是，我後來發現這樣的制度雖然已經十分完備，但最初培訓人才最好的學習與磨練門檻──「成交50戶即升主管」，卻也只是停留在單打獨鬥方式，無法真正帶領團隊再衝高業績。畢竟傳統的房仲業者，多半由基層人員負責開發

Life 05

站在巨人的肩膀上，開闢屬於自己的舞台──牟伯鴻

 影響自己最重要的一句話

幫助別人擁有智慧，脫離貧窮更是大愛。

案源，再由全體夥伴接手，銷售流程，是較主流的作法。但是在這種分工下，基層人員自然是做兩份工作只領一份獎金，並且是一個人單兵作戰，單打獨鬥非常辛苦，導致人員流動率更高，且資深銷售人員培養不易的惡性循環中。

不過，看在該建設公司發放的獎金也是業界最高的，還不必向買方收取仲介費，是一項銷售的利多，因此我只要全心全力且專心做好銷售，並且架構自己的團隊業績，短短四年之內，我便以黑馬之姿，升到副店長的職務以及賺到錢。

因為，我在林口深耕期間，致力於基層夥伴積極學習銷售技巧，不只是主管要會帶看帶回協談銷售，讓每一個夥伴都會締結，因此也才能把團隊組織做大，業績自然提升許多。但就因為要新增林口店的契機，我又願意「裸退」（沒有從原本團隊帶人）到林口開設新據點，讓我得到總公司更多的權限，得以實現自己規畫已久的新做法。

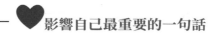 影響自己最重要的一句話

現在是打團體戰的時代。

這個改變，讓我從前四年平均月入5、6萬，到第五年就成為「百萬月收入」的一員，不僅讓自己快速還完3000萬負債，林口店的成績也讓總公司改寫了許多原定的計畫及做法。

當教練，不當保母

　　林口店的成功，大量招募是第一個關鍵因素。

　　到林口赴任時，我很快就將「招募」與「培訓」，當作自己最重要的工作，目標是培養出至少12位和我一樣能獨立作業，有銷售能力的主管。

　　我的招募條件很簡單，只要有心、有強烈的賺錢動力，同時要願意複製公司提供的工具與方法。所以，來面試的不但學經歷不拘，年齡更從18歲到68歲。通過面試的人，除了一開始的教育訓練外，每天上午都還會持續追加銷售訓練，並

Life 05

站在巨人的肩膀上，開闢屬於自己的舞台——牟伯鴻

影響自己最重要的一句話

如何讓你做一份工作領超過2份的獎金。

盡量讓這些新人在黃金銷售時段直接上場，讓客戶成為他們最好的指導教授。

經過一段時間的試練後也證實，學經歷和年齡真的不是最重要的，再聰明的人、再好的學歷，如果本身不想學習、沒辦法歸零，不願意複製成功並聽話照做，也就一定沒辦法交出好成績。

然而，我一開始就立定目標，確定要招募的是以後有獨當一面能力的人才，所以我很清楚自己的角色，不該是保母，而應該是教練。

這讓我很快真正學會放手，讓「成果」篩選出對的人才，並持續開放人才招募的池子，讓夥伴整體呈現良性競爭的氛圍，於是「大量的夥伴」＋「大量的帶看帶回量」，讓客戶自然產生搶購，深怕買不到賺不到的氛圍。

這一課，是我在林口創業時認為學習到最好的一課。

修好這門學分後，也讓林口新據點的編制，從

影響自己最重要的一句話

敢於跳出舒適圈，才能看到人生不同風景。

僅有兩名元老逐漸開枝散葉，成為一支擁有12名高階主管，一百多名戰將的勁旅，更在一年內就躍升為集團內業績最高的門市——百戰雄獅。

銷售業績讓老闆改變原定計畫

但是，光只是業績好，是不足以讓總公司眾多好手驚艷的，也不可能改變總公司既定的目標。

之所以寫下令人驚奇的成績，其實來自於林口店初期的「作業」。

由於原定計畫中，林口店是負責銷售未來在林口購地興建的預售屋，沒想到因為團隊壯大的速度快，在新建案尚未申請下來前，我只好指揮團隊成員將潛在客戶，帶到桃園中壢創造需求，幫助客戶讓他把錢放對位置，並且把錢發揮到最大價值，不只為客戶創造財富，也為我們自己帶來龐大的商機及忠實的客戶群。而且透過房產，

站在巨人的肩膀上，開闢屬於自己的舞台——牟伯鴻

 影響自己最重要的一句話

幫助別人成就別人，也成就自己。

在業務團隊日益壯大下，甚至吸引許多雙北的投資客戶前往桃園中壢看屋買屋。

　　總公司眼見如此，乾脆取消在林口興建新案的計畫。畢竟，我的團隊都有辦法把客戶帶著跑出新的銷售商機，因此建物是否在林口本地，對房屋銷售來說已不是必要條件。於是，我們更在傳統的房產銷售管道下，創造出另一個亮眼的商機及銷售模式。

選擇比努力重要

　　因此，我想再重申一次，想要成功，選擇比努力重要。針對想要成功的年青人或後來者，我建議創事業就要找水庫大，高利潤的公司，當然找對一個具有經驗的財富教練也是一件很重要的事情，就我創立的「牟伯鴻房產財富教練」來說，是完全不同於一般仲介公司，不同於一般的代銷公司，以我連續四年第一名的店長，以及有連續十二年全國冠

影響自己最重要的一句話

千金難買早知道，只要比別人先知道，就會賺大錢。

軍的林口團隊的經歷，和會營造讓客戶搶購的氛圍，並建構一套能致力於專心銷售＋架構自己銷售的團隊＋販賣走在時代尖端的銷售新觀念，讓你有擁有超高利潤，快速走向成功途徑。

　　所以，還在等什麼呢？趕快來試試這套複製成功的方法吧！

Life 05

站在巨人的肩膀上，開闢屬於自己的舞台──牟伯鴻

 影響自己最重要的一句話

為自己做最好的財富規畫。

牟 伯 鴻 房 產 財 富 教 練 的 建 議：

為自己架構被動收入，賺重大建設的時機財！

依循政府的軌道經濟學＋複製財團的成功方法，善用國家的建設，政府的加持，賺未來的財富。以桃園有最多的大學學府及最多的工商發展園區和國家的重大建設重大發展，現在的中壢火車站VS.未來的中壢火車站三鐵共構，因此可預期的成長空間很大？

舉例來說，以前的南京東路VS.現在南京東路，在體育園區還是雜草叢生VS.未來捷運通車了＋體育園區建設完成了後，可預期的成長空間是不是更大了呢？

目前，桃園政府規畫三個市都心＋六條捷運線，桃園房產事業成長是可預期的，超高專，獎金超高，賣一戶獎金台幣11～16萬元，並有全心全力運作團隊銷售，免開發物件，專售建設公司的成屋及預售屋，更有完整的SOP流程可依循，歡迎一起實踐成功方程式！

啟動卓越人生

Life 05

站在巨人的肩膀上，開闢屬於自己的舞台——牟伯鴻

電商獵人　阮侑宸(Kevin)

要做！就做到最好

別人會看好你，是因為你先看好自己。

關於　阮侑宸 （Kevin）

個人簡介 》》

在阮侑宸（**Kevin**）心中，人生的第一個，也是永遠的偶像——父親，從小看著父親維修電視機的背影，在耳濡目染的影響下，阮侑宸念書時就讀電子科系。沒想到卻在完成學業後，因緣際會的一頭栽入組織行銷，不到**30**歲經歷了三家直銷公司。幾近灰心之際，終於遇到名師指路，引薦了國際的平台，透過團隊合作與持續不斷的學習，深刻體驗到直銷行業的真諦，也創下個人收入高峰的紀錄。至此，立志要幫助更多人同樣成功，這也是阮侑宸分享成長歷程的主要原因：「挫折」是成長的最佳養分。

學經歷 》》

中華科技大學電子系

101日入萬元系統，海外千人首席主持人

卓越全球國際系統一多媒體執行長

2017年在香港擔任世界激勵大師無腿超人一約翰・庫提斯座談會主持人

媒體報導 》》

中天「點亮新台灣」節目專訪

被譽為「史上最偉大銷售員」的喬‧吉拉德，曾為自己下過這樣一個註解──「我可以把任何產品，在任何時間，賣給任何人！」，而他事實上也做到了。

在認識這樣一位傳奇人物時，曾給我很大的激勵，除了他從小有嚴重口吃的毛病，讓我這種念電子科的宅男來說，有種莫名的好感外；喬‧吉拉德從小學就送報、洗碗、擦鞋，25歲前換過3、40份工作，幾乎跟人生勝利組無緣，卻因從未放棄而終於領略銷售技巧的傳奇歷程，更帶給我莫大勇氣。

畢竟，當我因為很早接觸組織行銷，怎麼樣也無法說服自己回到職場的安逸步調，卻又兜兜轉轉，始終在試錯的路上時，找一位擁有同樣劣勢，卻又能突破困境的名人，是讓自己堅持下去的最好導師。

父親，就是人生最好的導師

幸運的是，比起出身貧民窟，從小在打罵下長大的喬‧吉拉德來說，我的家庭可以說幸福多了。

在遇上更多人生導師前，整天從早忙到晚就為

了給子女最好生活的父親，就是我最好的導師。

　　從有記憶起，父親就經營著一家電器行，在那個電視機還有著胖胖屁股的年代，電視可是高價的奢侈品，一遇到問題，一定會交給專業技師維修。

　　為了養活四個孩子，父親經營的電器行，從電視機的維修工作，到二手電視的貨源開發與販賣，只要和電視機相關，幾乎沒有什麼是能難得倒他。

　　所以，從小父親就是我的偶像，為了知道老爸到底一天到晚忙什麼，我從小就跟前跟後，看看老爸在做什麼，大一點後開始可以幫點小忙遞東西、招呼客人，甚至偶爾幫忙送貨。

　　永遠記得那一天下午，當我發現在客人離開後，父親對著那台電視機奮鬥很久，好奇上前了解後，才知道會花這麼多時間，是因為父親在解決客人提出的問題後，又繼續檢查周邊是否有其

影響自己最重要的一句話

好奇心是人類進步和發展的推動力。

他潛在的問題。

我驚訝問老爸：「為什麼要這樣做啊？你一次把所有問題解決完，客人以後就不用來啦？我問了一個很笨的問題。」

老爸當時只回答我：「既然要做，就要做到最好。」

或許是我表情很怪，父親才又笑著解釋：「不要小看這個動作，雖然順道把客人還未發生的問題解決完，看起來是不聰明的！但做人做事，能得到信賴是最重要的，如果客戶能信任你，就算他短時間內沒有來購買電視或維修的需求，但當他知道其他朋友有需求時，一定會介紹對方到他值得信賴的店裡，你說對嗎？

我霎那間悟到，原來一個貼心小舉動，做得比對方想像的更好，無形間積累別人對你的信任感！可能看起來眼前的利益變少，但經營一家店是長期的，對我們反而是加分，服務的好，大家口耳相傳力量更大，我們都清楚：信任是用金錢無法衡量的。

父親那番話，不但療癒了我過去總覺得缺乏陪伴的心結，更在我往後看事情的態度，有了重大的

影響。

　　更因為想當個跟父親一樣酷的專業人員，讓我從中學到大學，都選擇電子科，還考到視聽乙級證照。

　　其實事後回想，當許多同學在大學畢業後，還得背上好幾年的學貸，我們一家四個小孩卻能免除這種負擔，都多虧了老爸這種專業又敬業的「匠人精神」。

從主管身上，預想自己的未來

　　但不可諱言的，父親為了養大四個孩子，雖然從沒讓我們餓著，但也沒有太多餘欲給我們零用錢。

　　這讓我在升上「由你玩四年（university）」的大學後，最重要的目標就是「打工」！

　　畢竟，想偶爾打打牙祭要錢、想買新衣服需

 影響自己最重要的一句話

任何行業的前輩，就是你的錢途。

要錢、跟女朋友約會、眾多行頭和開銷等等，更是少不了錢。

而我的第一份工作，就是在板橋某個知名飯店的宴會部當服務生。

由於那家飯店常有政商名流、知名企業舉辦活動，穿著筆挺的正式服裝，出入的賓客也都很成功、很菁英，所以在一開始時，還算充滿新鮮感。

但我很快就發現，這份工作不過是出賣時間和體力。

尤其，當時有個主管很愛罵人，頤指氣使的指揮東、指揮西，每次我看著他的樣子，心裡就浮上一個問號——如果繼續做同樣的工作，當自己跟他同年齡時，會不會也變成這個樣子？

愈想，心裡就愈毛。

還記得當時有位常一起打籃球的球友邀約：「等等結束要不要一起去參加做問卷、抽福袋的活動？」心想多接觸一點不一樣的朋友也不錯，所以一口就答應了。

一到現場，才知道這個活動背後目的是在招募人才，透過對方的分享，還得先付台幣500元才能加入會員。

老實說，當下雖然有點遲疑，不過考慮到是跟球友一起合作，為了不傷和氣，也就沒想太多地掏出台幣500元，更沒細看所簽署的條文，不知道這份工作的代價可不只500塊錢，還包含兩個門號的申辦，多出每個月近千元的月租帳單要繳。

「被拒絕」是為了淬鍊更好的自己

當時加入的公司，其實是很早開始採取組織行銷的電信業，因為天生個性偏內向，比較少主動跟人交朋友，加上學的是電子，平常接觸的都是設備儀器，實在很不會聊天，這讓我在第二個月業績仍掛零，最後連介紹我進來的球友都中途落跑不幹了，但我仍沒有放棄這個工作。

原因很簡單，只因為比起服務生這種呆板的工作，在這則是打電話邀請人來填問卷拿福袋的工作來得更有趣，還可以短時間內接觸到不同層

影響自己最重要的一句話

任何的改變，都來自於四個字：我受夠了！

面的人，雖然過去沒有豐富社交經驗，所以我不斷給自己打氣：我最熱愛挑戰，挑戰等於成長！

這一堅持，就是9個月。

後來想，當初會堅持留下來，除了看到帶領自己的上司有很多值得學習的地方，不像飯店主管只想把每個人都訓練成標準動作的機器人，而會傳授給我們很多銷售技巧和客戶心理學，甚至是最為重要的公眾演說能力。

尤其，在深入了解組織行銷後，才發現原來創業不見得一定要有店面，不需要像老爸一樣整天守在店裡，也不一定要有很多資金創業。從團隊一位出身貧寒，且患有憂鬱症的主管，卻能靠著優異的銷售技巧和執行力，成為高收入一族，讓我理解到組織行銷的倍增爆發力。

更重要的是，透過這份工作讓我發現，過去自認為很愛交朋友的我，其實多數交往都不深入，也不曾去觀察、瞭解對方的需求。最明顯的報應，就

 影響自己最重要的一句話

凡事發生必有其目的，必能助於我。

是當我邀約朋友來參加活動時，雖然多數人為了捧場仍會出席，但真正掏出500元加入的人，卻一個也沒有。

因為不信邪，我在短時間內想破頭，努力邀了近百人參加活動，沒想到，最後的業績還是掛蛋。

難忘的是還曾經有人當面回我：「你要500塊是不是？我現在就給你，但不要叫我加入。」

在累積一百個被拒絕的經歷後，我開始對自己懷疑了，自己是否適合這樣的銷售工作？

擺在眼前的答案顯然是「No」，尤其，看到同期的新人都可以有不錯的成績，有同事團隊甚至能成交一百多個門號，問題顯然不在產品，而是我個人的銷售能力。

「換位思考」就能知道客戶要什麼

體認到這點後，曾讓我非常沮喪，還記得有一次，在主管找我「聊聊」時，我把門一關上，平時在大家面前活潑樂觀的我，實在真的忍不住，男兒淚不由自主就掉下來。

當時的主管為我打氣，告訴我：「既然開始

要做！就做到最好──阮侑宸

了就不要輕易放棄，因為一旦放棄，前面被拒絕一百次的寶貴經驗就白費了，也找不到可以成功克服那一百種拒絕的方法了，對嗎？」

不知道為何，這句話對我有著莫名的鼓舞作用，或許是因為這跟老爸給我的身教很像吧！

所以，為了繼續堅持這份工作，努力在外表和心裡武裝強化起自己，告訴自己，也告訴其他人我過得很好，我努力賺錢，除了幫家裡跑腿送貨賺些外快，還曾回頭到知名高檔飯店當服務生兼差。

還記得領第一個月的薪水後，我馬上衝去買了人生第一套西裝，因為之前在主管的建議下，我很難取信於人的地方，除了年紀實在太輕外，圖案T恤加牛仔褲的裝扮也是一大問題。

為了救急，我非常感謝與在某公司任職總經理的叔叔借一套西裝給我加持，現在回想起來真的很不可思議，因為超不合身，加上三排扣對一個銷售員來說實在太誇張了，所以這筆治裝費不得不花。換上屬於自己的西裝後，我果然「破蛋」，成交了第一個客戶，形象一變市場一片。

不過，真正讓業績大為增長，主要還是在累積更多拒絕後，慢慢體會上司所說的「換位思考」，

想通不應該是急於「成交」，而是要能站在客戶端，瞭解對方的想法，什麼是他最在意的？找到更多能為他創造價值的地方。

就因為心態轉換，讓我更能在言談中抓到客戶需求，找到公司產品能替客戶解決問題的點。

明明從頭到尾都是同樣的產品，但只因為心態轉變，客戶從堅持拒絕，寧願用500塊打發我，到願意綁約成為客戶，讓我體會到換位思考的重要性。

發現自己的成功軌跡

現在無論在什麼樣的場合，很多人在得知我其實不到30歲，卻已能建立一支強大的隊伍，將月收入台幣四、五十萬元視為基本目標，都會感到很驚訝。

只有我自己清楚，現在累積起來的每一種能力，都不是一步到位的，透過大量的學習乘上行動，無論結果好壞，都是寶貴的經驗。

你知道嗎？有一項能力是每個偉大成功人士都共同擁有的，當你高度重視這項能力時，你的人生將會天翻地覆的改變，你會想知道嗎？

至今我每天都在做的！就是「總結」，給每次的出擊都下個結論，不斷問自己：

　　1.今天行動當中，哪邊做得很好？

　　2.今天行動當中，哪邊可以做得更好？

　　這兩句話有什麼區別呢？

　　看似好像一樣，但裡頭卻深藏著不同的學問，用來不僅問自己，同時用在夥伴每次行動後去問他、啟發他、與他做總結。

　　凡事不是得到就是學到，你不是在鼓勵自己發光發熱，就是在貶低自己摧殘自信，人們是不會自動反省的，往往很習慣想著想著就掉到負面去，限制自己的行動！

　　透過正面的問句引導，總結出來的就是實戰經驗的累積、成長的養分，讓下次出擊時更能靠近你要的結果！

 影響自己最重要的一句話

你想你要的、不要的，它都會發生。
你想的一切都在吸引！

次數決定技術，任何事情當你重複做一萬遍後，將成為這領域的達人。

在進入現在的平台前，我曾經加入過三家組織行銷公司，銷售的產品從電信門號、保健品到旅遊，制度從本土、日商到美商，公司規模更是不一而定。

而吸引我加入一家公司的關鍵，絕對是「人」！

人對了，事就對了！跟對人占成功比例高達80%，只要追隨的主管或上線，有值得我學習的地方，即使自己業績一開始很爛，我也能繼續下去，但當發現人、團隊或環境不對了，就算月收入已達幾十萬，我也會老實跟團隊坦承現狀，並毅然決然放棄。

不過，這不代表我沒有感到茫然或遲疑的時候。

價值，我自己創造，由我決定

退伍前，我因為朋友的推薦，加入當時在台灣已頗有規模的日商組織行銷公司，主力商品是保健食品。由於心想，在電信業成交一個客戶，

要做！就做到最好——阮侑宸

最多也只能做一次生意，下一次要等到兩年後的續約，但保健食品是消耗品，後續的效力更大。

所以在當兵前，我就開始另一個新領域的學習，入伍當兵後，因為家庭因素我申請的是替代役，基本上是有「上下班時間」的，所以入伍的一年間也沒有中斷我的事業。

只是，畢竟當時很年輕，加上只能在晚上去開發客戶，成績並不理想。

所以在退伍後，為了有一份穩定的收入，我曾試著投履歷到很多家公司，最後選擇了一家網路行銷公司的電話銷售工作，推銷當時才剛興起的搜尋引擎「關鍵字」服務，目的是繼續加強自己的銷售技巧。

不過，就因為白天上班8小時候，晚上我還是持續開發保健品的組織事業，為了配合團隊，我經常處於睡眠不足的狀態。

有一次，當電話那頭的抱怨看似沒完沒了時，我竟然——睡著了！

或許是電話這頭的我，實在停頓太久沒出聲音，客戶後來終於大吼：「喂！你還在聽嗎？」我才終於驚醒。

這個實在有點扯的經驗，讓我體認自己真的不是當上班族的料！腦中突然浮出這樣一段話，為什麼有人能夠一直、一直、一直坐在辦公室裡，日復一日的做同樣的事，熱情都磨掉了，還有超凡的耐心！

尤其，當我白天8小時的工作，領著兩萬多的薪水，組織行銷公司裡卻不乏月收入六位數的代理商，再看到上班族同事每個月為兩萬多塊朝九晚五，甚至有些還要加班！工作時間、壓力並不小於組織行銷公司的運作，心裡的天秤也逐漸有所偏移。

所以，在退伍半年後，我做一個很大的決定，辭掉了網路行銷工作，開始以全職的方式經營我的事業。在這邊想做一個總結：「不是說上班不好，但不鼓勵上一輩子的班，因為上班只是看老闆怎麼賺錢的過程！」

我要去創造我的價值，不再讓別人決定我的價格！

這段「腳踏兩條船」的經歷，對我來說是個寶貴的經驗，就因為我曾經屈服於心裡對「穩定」的需求，真正進入職場，這讓我更能體會上

Life 06

要做！就做到最好──阮侑宸

班族生活的酸甜苦辣，也更能和不同族群的人對話，擴大交友圈。

從結巴宅男，到超級演說家

就因為決心揮別上班族生涯，更堅定要往創業之路邁進，也讓我下定決心一定要補足自己不足的部分。

在現在這個平台裡，很多新夥伴在招商會等場合接觸我時，看過我「舞台展現」的人，皆很難相信我曾經有結巴的問題。

其實，我相信很多人都有同樣的經驗，上台前縱然有再多想講的話、想分享的經驗，但一站上舞台，一看到底下黑漆漆的一片人，所有壓力排山倒海而來，加上不夠了解台下聽眾的背景，常常一開場沒引起熱烈反應，自己就慌了手腳，開始結巴起來。

在知道上台演說是個重要功課後，我開始到處

影響自己最重要的一句話

**你會低潮、沮喪、迷茫、痛苦、困難，
是因為你行動速度太慢，被恐懼跟上。**

上課，幾乎把和公眾演說有關的課都上遍了，還曾帶著當時的幾位團隊夥伴，一起到中國大陸去聽知名講師的課。

但真正打通我任督二脈的，卻是在聽到盧永沛老師的課之後。

有別於其他銷售意圖明顯的「銷售型演講」課程，盧永沛老師的課，或許是因女性講師的同理心特別強，加上她個人散發出來的正能量，都讓在台下聽課的我感到信任自在。

要做！就做到最好──阮侑宸

在上完盧老師的課後，除了讓我深刻體會到，無論台上台下，在生活中無所不在的銷售，其實都建立在「信任」的前提上。這讓我往後在上台時，懂得拿掉得失心，單純用交朋友談天的心態和台下的聽眾分享交流。

更重要的是在分享前，一定要試著用各種方法了解台下聽眾的背景，透過開場的破冰、互動式的問句，試著了解聽眾的需求，抓住他們的注意力。

畢竟，分享只是單向的，當你知道聽眾的需求時，才可能形成「對話」。

因為想通這些，讓我在舞台上找到自信，也從中體會到——比起在台下一對一交談，如果有辦法在舞台上與更多人交流，建立影響力則是更大的！

前英國首相，邱吉爾金句：「你能面對多少人演說，未來就能有多大的成就！」這句話深深的烙印在我的腦海裡。

挫折是最好的養分

不過，在進入來自新加坡的跨境電商短短兩年多後，就創造出還算滿意的成績，團隊夥伴突破兩萬人，經營的足跡更遍布十個國家，這些成果除了要歸功於過去每個曾經指導過我的貴人，更多養分是來自於「挫折」。

除了第一份業務工作的100個拒絕，讓我不死心一定要找到影響顧客的切入點；在口吃一對多的說明場合上，無法鼓舞團隊，就私下準備演練好各種場合時的腳本，在密集觀察不同人說話的風格，打造出屬於自己的舞台魅力。

而最大的一份挫折，來自於之前的一間直銷公司。

在離開以保健品為主的日商公司後，我曾短暫加入另一間美商公司，但因為曾待過跨國公司，很快就發現本土公司發展畢竟有限，怎麼做就只有2300萬人的市場，有消費力的大約800萬人。

所以，當有好友向我推薦一間銷售旅遊行程的跨國公司時，即便當下他講得亂七八糟，並沒有找到吸引我的點，但基於對不同商業模式的好奇，我主動請他幫我引薦他的教練，希望更進一步了解這家公司的商品與模式。

有趣的是，當我從好友的教練介紹中，對新公司有些「動心」之際，意想不到的是我們的這次會面，竟然也傳遍原來公司，原上級領導甚至開始動作頻頻，製造對我不利的黑色傳播。

老實說，當下要說不難過是騙人的，但因為當下一個轉念，我的情緒度就瞬間恢復到好的狀態，我是這麼告訴自己：「會被這樣黑色傳播，

 影響自己最重要的一句話

感恩是一切問題的解答！感恩能讓你持續的豐盛。

也是因為自己的能力被眾人認同，所以他們才要先給夥伴打預防針，免得我真的離開後，讓原有團隊的信心動搖吧！」

念頭既定，我離開了這個已經營三年多的日商公司，全心加入以招募會員享有超值旅遊商品的跨國公司，這一年，我24歲。

或許是天生的野馬個性，真的很能了解旅遊的況味，我在新公司的業績成長與團隊建構速度，比以往都來得快很多。

不到一年的時間，我就達到自己設定的目標——年收入近台幣60萬元。

有這樣的成績，一來是該公司是跨國公司，在機票、住宿和旅遊相關產品上，比一般旅遊業擁有更強的議價能力。

所以，當時我們鎖定族群一年有兩、三次旅遊需求的人，幾乎都能吸引對方來加入，願意儲值旅遊金成為付費會員。

只是，萬萬沒想到在這樣有規模的公司，最後竟然栽在台灣的法令上！

就當團隊如火如荼去推廣業務時，卻傳來公司在申請直銷牌照卡關的消息。更糟的是，為保護台

灣旅行社的生計，讓台灣付費會員的儲值金，只能用在國內旅遊。

天阿！在得知這個消息後，我完全沒辦法想像要怎麼面對我的團隊，因為這個調整不但讓這美商公司的核心思想、初衷變了樣，也讓這項商品原本最大的魅力完全喪失，面貌全非。

當時掀起一股藍色炫風的旅遊潮，看著自己經營的團隊兵敗如山倒，崩盤瓦解，在短暫思考後，我決定離開這間公司，這一年，我25歲。

之前投入五、六年所累積的成果，一夕歸零。

還記得那一刻，真的是萬念俱灰！

我真的一無所有了嗎？

我該認命了嗎？

我還有什麼價值呢？

我只是想在絕望中，抓住一個機會，讓自己徹底翻身，這麼難嗎？

Life 06

要做！就做到最好——阮侑宸

 影響自己最重要的一句話

**別人之所以會看好你，
是因為你先看好自己！**

我不斷鼓勵自己，我還有最大的本錢——年輕。既然死不了，就要精彩的活著！

最壞的事都讓我遇到了，還有什麼難的倒我！

我堅信自己還有最寶貴的東西——勇氣。

擁有誠信，才能落實永續

如以往一樣，我不會讓自己沮喪太久，而是很快開放自己的雷達，尋找下一個適合經營的事業。

很幸運的，過去曾在演講培訓課程中指導我的盧永沛老師，邀請我加入這間來自新加坡的跨境電商。

坦白說，盧老師並不是第一個找我加入這平台的人，真的要算的話，至少也排到第五位了。但前面四位朋友都不是對這領域會有興趣的人，竟然今天主動找我研究這間來自新加坡的公司，坦白說當時耳朵真的沒打開，但因為他們的舉動，讓我對這間公司埋下一個大問號！

♥ 影響自己最重要的一句話

努力到無能為力，拼搏到感動自己。

經過他們的邀請之所以沒有一口答應，一來是我過去在前一個公司的陰影，雖然從制度上看起來是可以快速致富的，但一有任何干擾因素，都可能讓自己背負更多人情債。

在此之前，我和盧老師已認識五年，對她的人品和敬業精神都看在眼裡。她告訴我：「她要全力以赴，年底要創造月收百萬！」我被她這個目標給震撼吸引住，所以很快的就與她合作，內心卻半對公司觀望的心態下，開始了解這平台並積極上課學習，接觸更多團隊成員。

真正讓我下定決心投入，起自2016年一個震驚直銷界的新聞。

當時，因為我們平台的崛起速度，開始引起注意，也引來駭客入侵。在駭客攻擊下，不僅讓所有會員在好一段時間內無法登入，更將台灣營業額六千多萬元，全數轉進一個代理商的戶頭裡。

 影響自己最重要的一句話

次數決定技術，任何事情當你重複做一萬遍後，將成為這領域的達人。

沒想到，這代理商在坐擁成功的基石下，第一個念頭是──與總裁談判，希望給他台灣區的代理權，公司負責發貨，款項由他管。

　　想當然爾，總裁並沒有答應。

　　但出乎大家意料之外的是，由於這代理商談判未果，隔天就捲款潛逃！我們總裁竟一句話也沒說，只留一下句：「我都已經準備好了！」

　　公司不但把那台幣六千萬元補齊，將代理商該領的獎金全數撥出，一毛不少。

　　而在同一年年底，我們成功在台灣登記。

　　在此之後，我更沒有遲疑的理由：

千萬不要看一個人說什麼，而去看他做什麼做！

　　當遇到重大事件時，是怎麼面對危機處理，這樣有誠信、重品格的老闆，容易遇到嗎？

　　所以只要公司持續在的一天，我全心投入，帶領著夥伴拿到結果，用生命影響生命，照亮更多人；你幫助多少人創造價值，你就擁有多少財富，財富來自價值的交換！

我設定目標：「要幫助1000人月入百萬，幫助公司創造100億資產。」

　　也因為透過盧老師，讓我不再所托非人，在遇到「對的人」之後，也讓過去累積的訓練，在舞台上完全綻放，發揮到淋漓盡致，鼓舞夥伴站上國際舞台影響更多人。

　　你還記得你的夢想嗎？你還有勇氣嗎？如果你也在某個角落裡，覺得有些英雄氣短、志不得伸，那麼我會建議在做決定前，多停看聽，先尋找對的人、有經歷的公司、完善的系統，是一切成功的基石，但沒有誠信！再多的努力都是徒然。

　　當你決定好了，就什麼都不要再想，也不要懷疑，太陽光普照大地，只有鐳射光可以切割鑽石，專注很重要，忠於自己的選擇，要就大幹一場，不然就不要做，卡在中間是最痛苦的！百分百的相信，唯有你全力以赴，世界就會為你開路！

　　我是侑宸，讓我們一起卓越，人生翻頁。

Life 06

要做！就做到最好──阮侑宸

生命教練 拿督 郭詩銘

富而有愛
活出生命的意義

世上沒有絕望的處境，只有對處境絕望的人。

關於　郭詩銘

個人簡介 》》
出生於馬來西亞南部柔佛州峇株巴轄，一個在大排檔營生之子，從小幫忙父親時，就立志創業，改善家境。當過電腦小販、電子供貨商，經營過廠辦招商，並且幸運的在 **40** 歲前，能達到財務自由，並在身心靈領域找到自己的志業。

殊榮 》》
美國德拉瓦大學心理諮詢師
中國國家心理學講師
中國國家心理諮詢師

如果你問我，我最愛的角色是什麼?我會回答：「每個角色都愛。」

「凡走過必留下痕跡」、「人生沒有任何經歷是白費的」，或許在很多年輕人耳裡聽來是老生常談，但當你能活在當下，並且是「用力」的活著，不管當下是痛，或快樂著，一定都會留下深刻的印記，並且為自己的下一步，做了最好的鋪陳。

不信，且聽我娓娓道來我雖稱不上傳奇，過程卻頗多「驚奇」與「驚險」的一些小故事。

大排檔之子的創業夢

從一個在大排檔營之子，到當過電腦小販、電子供貨商，經營過廠辦招商，並且幸運的在40歲前，能達到財務自由，還能找到此生的志業——教人們透過學習，擁有更自由、更圓滿的人生。

我出生於馬來西亞南部的一個小鎮，從有記憶起，就看著父親在夜市大排檔裡賣煮炒的小吃，因此放學後幫忙招呼客人、端端盤子，是再自然不過的事。

這也讓我在小小年紀，就把「創業」當成是未來必然的選項。「讓父母享福」，對很多天生的創業家來說，是再普通不過的理由。

不過，對我來說，在讓父母享福前，我可是著實讓父親花了不少錢。

因為從小就對電腦很感興趣，14歲時，我央求父親幫我買一台電腦，需花費大約5千塊馬幣（折合台幣3.5萬元）。

對於一個6口之家來說，5千塊馬幣可不是小數目，但父親還是毫不眨眼的買了。

擁有電腦後，我開始不眠不休的把這台電腦當我的寶貝，每天不是查書，就是泡在電腦店裡學著怎麼使用電腦。

要知道，當時電腦還停留在DOS的年代，需要學一些指令才能操作，不像如今已經有很多視覺化的設計。

 影響自己最重要的一句話

**態度決定高度，世上沒有絕望的處境，
只有對處境絕望的人。**

但對於一個擁有「天價玩具」的大排檔之子來說，那些複雜的程式指令比任何高檔的藝術品還美，讓我每天盯著電腦數小時也不厭倦。

所以很快的，在考完高中考試的暑假後，在熟悉的電腦店打工。

雖然打工生涯只維持了2個月，但透過這個工作，讓我接觸到馬來西亞與新加坡市場的往來，也看到當時個人電腦品牌紛紛出爐的態勢。

因此在大學畢業後，我跟父親提了希望「創業」的打算。很神奇的，父親即便不看好，認為：「電腦這行業看起來太新，不穩定。」但仍告訴我，他早已幫我存了一筆錢，也支持我任何決定。

父親給的第一桶金

我常覺得，父親無條件的支持與信任，是我在往後一路上，總是比別人「勇敢」、「敢賭」的最大支柱。

雖然因此吃了不少苦，也曾幾度瀕臨破產邊緣，卻始終沒有失去勇氣。

我在高中時期就已註冊一家公司，就為了替創業做準備，也培養自己在銀行端的信用。

在得到父親第一桶金的支援後，這家公司馬上搖身一變成為電腦設備的供應商。我每天開著父親的麵包車，後面載滿來自臺灣、中國大陸的個人電腦，例如當時 正夯的華碩、宏碁等，透過以往對電腦門市的瞭解，一邊增加供貨來源，一面往外開拓更多銷貨據點。

一年後，我開始不滿足於這樣的經營模式，思考從「中間供應商」轉為「零售商」的可行性。

這是因為，身為中間的盤商，對上游要付現金，下游的零售店卻要押上兩個月的票期，還時常有呆帳產生。

意念既起，經當時的女友，也是現在太太的父親介紹，剛好有家門市要轉讓，我很快決定頂下來，開始當起零售商來。

幸運的是，因為店鋪的前一手是高級音響

Life 7

富而有愛，活出生命的意義——郭詩銘

影響自己最重要的一句話

**人為善，福雖未至，禍已遠離；
人為惡，禍雖未至，福已遠離。**

店，所以在花了1萬馬幣（約不到7萬台幣）小小改裝後，就可以開始營業。

或許是從小就習慣面對客人，從供應商轉為零售店，對我來說簡直是如魚得水，畢竟從小在大排檔裡，不管面對叔叔、阿姨、大朋友、小朋友，直接服務客人是一件近乎本能的事。

尤其透過零售店與消費者的第一線接觸，對於市場的敏感度也會更加準確及快速。也因這種優勢，讓我在兩年後，得以將當時已逐漸盛行的數位列印業務引進零售店裡，讓店裡的業務更多元，營收也蒸蒸日上。

老天爺給的另一桶金

或許是個性天生無法長久做同一件事，當時的我，雖然零售店的生意頗豐，心裡仍一直在思考轉型的各種可能性。

 影響自己最重要的一句話

**用計，只能讓人相信你一陣子；
用心，則可以讓人相信你一輩子。**

天可憐見，老天爺也許是聽見我的心聲，幫我將財神爺帶上門，幫了我一把。

　　從來不買馬票的我，因為一次表哥到電腦，希望我將他在印尼出差拍的照片列印出來，照片中的車牌號碼，不知怎麼的，就像忽然被放大、燙金般的閃進我眼裡。

　　向來是行動派的我，於是就在當天開彩前一小時打電話請女友幫我買了一張馬票。神奇的是，我竟然中了頭彩。12萬馬幣的彩金（當時約莫等於100萬台幣），大約是我存款的100倍。

　　從天而降的一大筆錢，加上靜極思動，想要轉型的強烈意念，讓我決定將所有彩金投入新的事業——廢晶片的回收。

　　雖然，介紹這門生意的只是剛認識不久的朋友。但幾年經營零售店的經驗，讓我發現個人電腦的蓬勃，加上鄰近電腦供應鏈的優勢，廢電子回收的確是一門可以做的生意。

　　由於初認識的朋友，主要優勢在於擁有供貨來源，尋找銷貨管道自然落到我頭上。

　　在上網搜尋到馬來西亞有電子廠要收購後，我很快拿樣品前往接洽，順利完成交易。

Life 7

富而有愛，活出生命的意義——郭詩銘

第一筆交易，讓我原有的12馬幣，整整翻了一倍，跳升到24萬馬幣（當時約莫等於200萬台幣）。這次的成功，也讓我養肥了膽子。

意氣風發的電子金童

但凡一個產業初期時，因為資訊不透明，往往讓切入的人得以賺得暴利。

我的前兩筆交易就是如此。但當我發現第三筆交易，雖然客戶出手仍然闊綽，給的都是現金，但我們能賺得的利潤已折半，我開始有所警覺，決定往更下游開發客戶。

所以在2005年，24歲那一年，我決定隻身前往大陸深圳，身上只帶了一點點樣品，就自己去找客戶。雖然剛開始並不順利，因為找到的客戶小，吃不了那麼多貨，但至少讓我得知深圳市價是馬來西

影響自己最重要的一句話

**如果有人告訴你「你不行」，
他們只是在表達他們的局限而不是你的。**

亞出貨價5倍這個行情。

　　還記得，當時那個客戶只把我丟在一個電子賣場，隨即就走掉了。

　　我心想閒著也是閒著，就一家一家店鋪去拜訪，瞭解他們的需求。

　　為了不讓這趟行程白費，我帶著幾家小型店鋪的訂單回馬來西亞，就這樣開始幾次小批量的出貨。

　　這些訂單雖小，沒辦法像初期一樣可以將貨源一銷而空，但貴在能掌握第一線的市場脈動。

　　隔年，我開始找到大陸的合作夥伴，建立更直接的銷貨管道，並在2006年，串接起大陸、馬來西亞與香港的供貨與銷貨管道。

　　由於當時正值消費性電子產品市場快速擴增的時代，很快的，我們除了回收廢電子外，回收

Life 7

富而有愛，活出生命的意義——郭詩銘

 影響自己最重要的一句話

**讓你的微笑改變這個世界，
而非讓這個世界改變你的微笑。**

項目也包含全新晶片。

2008年時，公司的營業額已突破新台幣1億元。

這個里程碑，給了我莫大的信心，決定以融資的方式加碼買進更多貨源。

卻不知，當時的電子業已來到一個轉折點，前一分鐘還價值連城的晶片，因為產品的推陳出新，下一分鐘或許已經一文不值。

這個變動來得如此之大，讓公司從上億資產，在短短幾個月內就因資金周轉不靈，面臨破產，並背負200萬馬幣（近2千萬台幣）的負債。

27歲這一年，我才理解從意氣風發，到喪家之犬，可能只有一線之隔。

低潮，是為了看見潮水退時，誰還支持著你

由於事業的變化來得太快，原本和交往多年女

影響自己最重要的一句話

成功——不是你贏過多少人，而是你幫過多少人。

友的結婚計畫，和已在未來老婆肚子裡孕育的生命，讓悲與喜，交錯在那段生命歷程中出現。

幸運的是，在老婆與家人的支援下，我們順利在隔年2009年1月舉辦婚禮，大兒子也在4月呱呱墜地。

當時，雖然還有電腦零售店的收入可以支應生活開銷，但高額負債，仍壓得我喘不過氣來。

永遠難忘的是，幫太太和大兒子辦理出院手續那天，我一共刷了三張信用卡，才得以支付所有費用。

櫃臺人員那鄙視又不耐煩的眼神，讓我終身難忘。但也因為那段期間的經歷，讓我發現，愈是處於人生的低潮，才得以發現，潮水退去時，仍會支持自己的是哪些人。

家人和老婆娘家兩大家族的支持，是我當時

Life 7

富而有愛，活出生命的意義——郭詩銘

影響自己最重要的一句話

「一顆蘋果有多少顆種子，切開來就知道，一顆樹能長出多少顆 蘋果只有老天爺才知道，只要活著就有無限的可能性。」——台灣李崑明老師。

最重要的精神支柱，新生命的誕生，更讓我沒有絕望與悲觀的權利。

老天爺的功課

為了還清高額負債，我開始摸索原本不熟悉的廠辦市場，為的是運用土地買賣時的「超貸」金額，為過去的錯誤擔起責任。

即便，在做了許多功課後，明知買下的土地，在蓋好廠房後是很難達成損益平衡的，何況若是廠房無法全部出租或出售，到時候的資金壓力將更沉重。

但為了償還大筆欠款，我已沒有其他選擇，仍是硬著頭皮買下那塊地，並勤做功課，自己扮演起包商、監工的角色，善用手邊的流動資金，一面蓋廠房，一面還錢。

或許是老天爺眷顧，這塊土地竟然在廠房蓋好

 影響自己最重要的一句話

**人需氧氣存活但並非為氧氣而活，
人需金錢生活但並非為錢而活。**

前，就漲價近一倍，讓廠房在蓋好前，就全數賣光，不僅得以還清負債，還留下一小筆資金。

不到30歲，就迎來人生好幾次風浪起伏，讓我自此養成時常回頭檢視自己人生的習慣，像一個垂垂老矣的老人一般。

畢竟，比起其他人，我所擁有的幸運，顯然是高於「平均值」的。包含在畢業時，就能獲得父親第一桶金的支持，成功創業；在跨足新業務時，能獲得老天爺送來的馬票頭彩；在公司周轉不靈時，哥哥也毫不猶豫的以積蓄來支持，更在30歲前就讓公司營收破億。

能因這些幸運乘風破浪，甚至在偶爾快遭滅頂時，迅速地找到立足點，重新站上浪板，繼續下一趟冒險旅程。

我總想，老天爺一定是想透過這些功課，讓我體悟出什麼。而這個答案，卻是經過四、五

Life 7

富而有愛，活出生命的意義──郭詩銘

影響自己最重要的一句話

所有與你相遇的人都在打著一場
你不知道的仗，請時刻善待他人。

年，因為朋友的關係接觸身心靈領域，才讓我得以一窺究竟。

騷動的創業魂，接觸身心靈課程2014年時，因家中再添了兩個新成員，讓我花更多時間，沉浸在家庭生活裡。

也因為有了這些甜蜜的負擔，讓我在事業上，一改過去大膽激進的作風，變得保守而謹慎，只透過房地產及貨幣投資等工具，確保一家人的生活無虞。

但或許是天生的創業魂仍在心裡騷動，仍時常遇到朋友獻計，提供一些投資機會，雖然聽的多，行動的少，仍盡量保有這扇窗，讓自己對這世界有更多瞭解，也更能掌握市場脈動。

身心靈與企業管理課程引進馬來西亞

2014年年底，就是這樣一個因緣，讓我接觸了

影響自己最重要的一句話

**不是要你很強大才能成為領袖，
而是你要先站出來成為領袖才會很強大。**

台灣身心靈與企業管理課程的企業。

　　有趣的是，雖然過去廢電子業務和台灣緊密相關，我對台灣的瞭解卻不夠深入。會接觸這個以課程為主的台灣企業，還是透過一個深圳的事業夥伴引薦，並約在香港見面，希望促成我將該課程代理到馬來西亞。

　　老實說，一開始接觸這課程時，並沒有在我心裡激起太大漣漪。但因推薦的是交情很深的好友，我仍然幾度飛到香港和大陸上課，在好友聲聲催促下，我最後將它當成是對好友的支持，正式將課程引進馬來西亞。複習傷痛，與過去和解正式將身心靈與企業管理課程引進馬來西亞後，我本著過去對任何事業的態度，不僅大量上課，想辦法讓自己擁有訓練師師資格，也從更多角度去挖掘身心靈課程對人們的吸引力為何？

　　最讓我驚訝的是，在廣泛接觸各種課程後，

 影響自己最重要的一句：

**這世界最大的問題就是，人人都帶著
滿滿一袋子的條件，去尋找無條件的愛。**

發現許多穿梭於各種課程系統的，竟不乏許多億萬富翁。

這些高資產族在課堂的謙卑態度，讓我開始自我反省。過去，我一直認為自己是個強者，可以照顧身邊的人，即使偶爾跌倒，也從不放棄，每次都能夠再站起來。

卻從來沒想過，人生的那些低谷，或許就肇因於自己的過度自信，和絕不能讓家人吃苦的決心，讓驕傲與恐懼混雜而成的無名情緒充斥自己的心，以致於無法在過程中看到自己的不足，提前預防災難的到來。

成功，是決心和努力的必然產物

重新複習那股勉強壓抑下的屈辱、不甘心與憤怒，卻發現幸好有那樣的情結，讓我看似遇到絕境，卻絕對不能放棄，只因我已是一個父親，沒有悲觀的權利，也沒有悲傷的時間，只能去想解決的辦法。

與過去和解，也讓我發現，一路以來的成功，並不因為自己是強者。所有過程中和自己相遇的

人，都在打著自己的仗，任何一點成果，都需要很多的因緣際會才能成就，如果不懂得善待周遭人的努力，這些成果縱然來得快，也稍縱即逝。

也因為這樣的體認，發現曾認為的負擔，其實是支撐自己沒有倒下的重要力量，曾經認為自己拖著一大群人走，回過頭來，才發現是一群人抬著我走，才能讓我看得更高，以致於能走得更遠。

這些體認也讓我發現到，過去的失敗，常常是因為沒有及時體認自己的不足，不懂得適時調整所致。

卻也讓我體認到，自己的成功，並不是自己所想的，是決心和努力的必然產物。畢竟，努力的人何其多，卻不是人人都有中頭彩的幸運、土地突然翻倍的行情。

Life 7

富而有愛，活出生命的意義——郭詩銘

 影響自己最重要的一句話

成長突破的過程是沒有期限的，
在經歷了幾十年的生命軌跡、思維與行為模式，
內在世界造就外在世界。

「相信一定會有好事發生，所以就去做了，一做就非常投入。」或許才是我能在懵懂的20幾歲階段，多次見證奇蹟的原因。

內在世界誠實以對，外在世界全力而赴

2017年擔任訓練師，可以上授課時，我已對自己的人生梳耙出一點脈絡。

沒料到的是，年輕時的衝動冒進，和雲霄飛車般的際遇，在授課與諮商時，可說是莫大的資產。

曾經悲壯的過去，曾覺得沉重的負擔，在與學員諮商、交流時，都成為很好的「鑰匙」，勾起我們心裡共同的恐懼與懦弱，並在直接面對這些情緒後，重新回到現實中，尋找解決事情的方法。

於是，「對內在世界誠實以對，在外在世界全力以赴」，是我們最希望傳達給學員的。

 影響自己最重要的一句話

一次一小步，始終內觀，
悲慘世界或璀璨人生都只是在彈指之間。

這樣嶄新的創業經驗，讓我原以為已經很圓滿富足的人生，有了另一番體會。讓我開始覺得，能讓父母、妻子和陸續到來的五個孩子生活無虞，已不是圓滿的最佳解。

每個人來到這個世界，都帶著不同的任務，有屬於自己的夢想要去實踐。

當我們真正找到生命的意義時，賺錢理應像呼吸一樣自然，也一樣容易才對。

不要讓別人告訴你「你不行」，不要讓別人的侷限成為你的侷限。不是你夠強大，才能成為領袖，而是你願意先站出來成為領袖，才會變得強大！邁向財務自由之路，我們共同努力！

Life 7

富而有愛，活出生命的意義——郭詩銘

用運動事業
開創新人生

創新，就是將舊的思維做新的思考與改變！！

關於　林裕翔

現任 》》
中華卓越運動發展協會理事長
泓江貿易有限公司總監
國立台北科技大學工業與工程管理EMBA校友會活動長
300G2區桃源北科獅子會

學經歷 》》
1994～2004年　金融業及百貨流通業
2004～2007年　創業自行車零件配件貿易商
2008～2010年　自行車經銷 自行車衣協同開發 運動產品電商
2010～2013年　赴大陸深圳開設公司 經營運動及戶外運動用品電商代銷
2013～2016年　運動用品集成商 建立運動用品品牌及品牌跨國行銷
2016年　結束品牌代理，以第二名成績進入台北科大EMBA工業與工程管理就讀
2017年　擔任北科大EMBA鐵馬社長與政治大學合作籌辦2017年全國EMBA鐵馬論劍環島
　　　　活動任執行總召
2018年　公司增加運動團服及賽事物資業務、成立中華卓越運動協會承接活動規劃與賽事
　　　　執行、完成論文並從台北科大EMBA畢業
2019年　與UPRO運動平台及瑞士阿格斯數字貨幣交易所簽訂合作意向書
2020年　有感於COVID-19以論文為基礎，作出運動相關用品專利並申請成功

證照 》》
中華民國鐵人三項協會A級(國家級)裁判及C級教練、世界商務策劃師聯合會商務企劃認證
課程結訓並取得證照

我是林裕翔，很高興有這個機會跟大家分享追求卓越的人生觀。其實追求卓越，我的方法很簡單，就是四個字——求有求好。同時，要保有積極追求的正面心態，因為唯有保持樂觀正面積極，才會更容易看到機會。在過程中，要想辦法建立對自己最有利的遊戲規則或是建立門檻與獨特的競爭條件，才能讓自己有機會在最熟悉的領域成功，勇於嘗試無懼改變。另外，擁有正確積極的目標與思考模式，才能在達成目標的過程之中應付可能發生的狀況與障礙。

從小獨立自主，樂觀積極拓財源

　　我從小個性獨立，生性樂觀積極，與人為善，喜歡學習新知，拓展人脈。高中畢業後由於家庭因素，提早進入職場工作補貼家用，由於自高中開始就在便利商店和速食店打工，因此應對進退有度，雖然未服兵役，但公司還是以正式員工錄用。一直到服兵役，公司也予以留職停薪給我鼓勵。

　　當兵時，為無線電報務電台台長。每天固定上

下班，也給我許多時間充實自己。在外島的日子天天看海和天空，讓我學習到和自己對話。由於想多賺點錢分擔家計，因此決定一退伍就挑戰有超額報酬的業務工作。

從沿街叫賣的掃街工作，到夜市賣滷味⋯⋯等等，就這樣不怕辛苦的慢慢存了一點錢。但是隨著年紀增長，我開始覺得自己能力的不足，業務工作容易被取代，所以開始在報紙上找一些固定的工作。很幸運的，自己進入當時有「台灣肯德基」之稱的「香雞城」母公司開發部門工作，主要從事新產品的銷售工作，而我們的團隊負責香雞城調理包，成功為公司的產品線開創新的機會。而我也在這過程中學習到產品包裝、行銷企劃的概念、情報的分析蒐集。

人生中的貴人，扶持走過人生低潮

在偶然的機會下，我進入了力霸百貨的外商部，擔任業務主任一職。在大公司的資源下，我學習到了許多社會商務的技能，並參加生產力中心的卡內基課程，更開拓了我的視野及見

Life 08

用運動事業開創新人生——林裕翔

識。尤其學會如何利用NLP（Neuro-Linguistic Programming，即神經語言規劃）的行為判斷來處理人際關係及同理心運用，更讓我有幸得到連續8個月的業績排行冠軍，也使得我在24歲的年紀，就達到年收入高達台幣70～80萬元的成績。十分感謝當時的王曉蓉副總獨排眾議，把全部門年紀最輕，學歷最低的我招聘，並給我機會。

但當時由於學歷問題連續兩次沒通過升遷考核，於是年輕氣盛的我開始擺爛，挾業績和主管抗爭。後來副總知道後，沒有直接責怪我，反而要我再去進修，並給當時黑名單的我，留職停薪的機會，當時力霸為全國百大企業65名，如此施惠，令我至今心存感激。

追求卓越的起心動念，先「求有」

追求卓越要先有積極追求的正面心態，因為唯有保持樂觀正面積極，才會更容易看到機會。在此分享我的方法很簡單，就是四個字「求有求好」。

在「求有」方面，我大致歸納出四個面向：

第1／充滿好奇（觀察）：在自己熟悉的領域

中，無論多久還是要充滿好奇心持續觀察，會更容易發覺到商機；保持好奇心不斷的學習，才能讓自己更有解決問題的能力和方法。

第2／發展興趣：如果你不愛你的工作、你的生活怎麼能夠融入其中樂在其中，甚至提出改革的發想。因此，找出利基以小搏大的戰略，根據自我的核心價值找出對市場趨勢與社會改變的未來需求，提出整合式的解決方案然後變成屬於自己的商業模式。要知道在自己熟悉且有興趣的領域，更容易發揮自己的能力以及分析洞察市場上的機會與風險。

第3／專注學習：讓自己成長，才有機會改變，找出自己擁有的特質改善並加強，就會變成自己獨有的特色，並培養直覺分析與觀察的能力。

Life 08

用運動事業開創新人生——林裕翔

 影響自己最重要的一句話

想辦法建立對自己最有利的遊戲規則，或建立門檻與獨特的競爭條件，才能讓自己有機會在最熟悉的領域成功。

第4／薄積厚發：而「薄積厚發」是一種積極的人生姿態，因為世界變化就這麼快，機會不會等你，時間不會等你，成功也不會等你……所有的一切都要你自己去追。一點一點的累積才能發揮真正的實力，如果不讓自己進化就等著被吞噬。但若懂得「薄積厚發」，你就會用糧食換來金子，你就會站得巨人肩膀上看得更高更遠，你也才能學以致用，一發即中你想要的目標！

所以，人生要有目標目的，要有態度心態，要有想法計劃，要有做法動作，如此一來，才能「求有」。因此，我的卓越人生對「求有」的公式如下：

求有公式＝有目標目的＋有態度心態＋有想法計劃＋有做法動作

影響自己最重要的一句話

創新，就是將舊的思維做新的思考與改變！！

追求卓越的「求好」公式

在「求好」方面，也有四個主軸方向：

第1／找回初心誠實面對自己：當因為不順利、不快樂、不平靜的時候，不妨回頭想想是什麼原因造成的？只能反求諸己，方能豁然開朗。

第2／找到對的老師：常常聽到「好的老師帶你上天堂」、「學無止盡」等等的話語，更何況現在資訊透明的時代更加要把握時間，而最快的方式就是要找到對的老師、對的方法來學習，才能事半功倍。

第3／練習簡單的事重複做：「熟能生巧」並且實踐它，才是檢驗真理的唯一標準，聽過神箭手與賣油老人的故事嗎？

宋朝有一位神射手，箭術精良。有一天，他在靶場練習，每射一箭都百發百中，因此觀看的人發出讚嘆聲。人群中有一個挑著油擔的賣油老翁，卻只是微笑點頭，並沒有表示什麼。神射

Life 08

用運動事業開創新人生──林裕翔

 影響自己最重要的一句話 ────

勇於嘗試，無懼改變。

手看到後有點生氣地質問賣油老翁說：「你也會射箭？」

　　賣油老翁笑著搖頭，說：「我不會。但我知道你箭法也沒有什麼特別，不過熟能生巧罷了。」神射手聽了更生氣，想要跟賣油老翁比試射箭，但賣油老翁卻拿出一個盛油的葫蘆放在地上，然後將一枚銅錢放在葫蘆口上，這時老翁用勺子舀起一勺油開始往葫蘆里瀝，油全部瀝完了，可是銅錢上一滴油都沒有。

　　看到這情形後，神射手再也不跟人炫耀自己箭法出眾了。這更加說明練習的重要性！

　　第4／好的創新就是好上加好，以培養解決問題的能力：還記得小時候看過美國電視影集《百戰天龍》，裡頭的英雄主角叫「馬蓋先」，他總是能夠運用自己所學知識，使用手邊簡單的工具或隨機的條件，就可以完成艱難的任務。像這種擁有業餘

影響自己最重要的一句話

**找到心中鑰匙才能開啟那扇門，
看到目標，看到你要去的地方。**

的手法，卻得到最專業的結果，就是解決問題的能力，也是一種創新能力。就如同每個創業的人都會遇到問題與難處，但是每次遇到問題時，用最快最簡單的方式來解決，久而久之任何問題都不容易造成他的困擾了。雖然很多創業的人會抱怨：社會上有大多數人都想付業餘的費用享受專業的服務，但若轉個念頭，就把它當作是練習自己的技能！相信你會好過很多。久而久之，也會建立起自己無可取代的能力。

如同閩南語有句俗諺：「戲棚下站久就是你的。」只要你是千里馬，就不用擔心遇不到懂得欣賞你的伯樂！所以，我把卓越人生對「求好」的概念整理如下：勇敢夢想，這也是我立志與世界分享的初心與原動力。

Life 08

用運動事業開創新人生——林裕翔

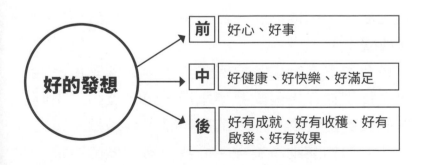

好的發想

前　好心、好事

中　好健康、好快樂、好滿足

後　好有成就、好有收穫、好有啟發、好有效果

透過追求卓越，能廣結善緣，認識更多有意思的人，其中有些人甚至會帶給你生命另一個面向，影響你未來的生命旅程，像我的經歷，在追求卓越的過程，認識了「亞洲第一鐵人家庭」的張勝凱教練與張家班三傑，以及「北埔之心」之稱的新竹山城北埔產業觀光發展協會理事長劉美熙老師，他們對我創業過程中給予我許多協助。

轉職成智，以智生財

其實，在多次的創業失敗經驗，讓我體認到一個人要懂得如何溝通、學習、嘗試，以及整合能力，才有機會成為一個成功的領導者。

遇到困難時冷靜思考積極面對，切記該尋求幫助的時候，千萬不要不好意思開口尋求協助，要記得只要過關了就是你的，學到也是你的。所以，不用害怕創新，因為創新，就是將舊的思維做新的思考與改變！！

像我從事自行車貿易商多年，再到運動用品代理，然後現在作為運動賽事承辦單位，歷經了不同的歷練與轉變，唯一沒變的事，就是我還是一直在充滿正能量的運動產業裡。而我一直在做的事情，

也就是不斷地找出自己最有利的條件或擅長的領域，然後把資源精神與力量集中在這個地方，設定目標，並專注的學習與不斷地在這個領域訓練自己變成專家。千萬記得——想要成功，想要追求卓越，就是無論在什麼環境之下，都要讓自己成為最有得分機會的人。

尋找心中的那把鑰匙，開啟人生另一扇大門

人一生中花最多時間的事，就是「找」跟「等」。 找人找事，找目的、找方法、找朋友、找客戶，然後等待結果。

其實，**人生最重要的事是要先有積極追求的正面心態，並在自己最熟悉、最擅長的領域設定目標，專注學習，不斷練習，才有機會成為這個領域的領先者。**所以問問自己心中的那把鑰匙在哪裡，找到鑰匙才能開啟那扇門，看到目標，看

影響自己最重要的一句話

擁有正確積極的目標與思考模式，才能在達成目標的過程之中，應付可能發生的狀況與障礙。

到你要去的地方。

　　而開啟我尋找心中那把鑰匙的契機，來自我第一次參加鐵人三項（Triathlon）競賽活動。

　　而一切的動機起緣，僅僅來自於朋友的「邀約」，台語叫「相招」，英文為「Join」，有「連接、結合」的含意。中文「招」這個字有邀請（我招你去）、帶來（招弟，招財）的含義。也是朋友的「相招」，讓我開始接觸「鐵人三項」的開始。

　　記得民國101年，第一次參加鐵人三項比賽時，恰好是我結束大陸公司的業務剛回到台灣的時間。那時的我正面臨著中年危機，年近40歲卻無所事事，成天飽食終日，沒有目標與方向。有一天朋友突然問我：「小林，你會不會游泳？」

　　我回答：「會啊！但是很久沒有游了。」

　　他又問道：「你會游泳，而且以前開過腳踏車店，騎腳踏車應該難不倒你，這樣你應該就可以參加鐵人三項了。

　　我聽得一頭霧水的回答他說：「但是我很久沒有運動了！」

參與鐵人競賽，開啟下一個事業契機

　　其實那時的我不只很久沒有游泳，連腳踏車也很久沒有騎了！而且跑步是我人生中不喜歡的事情（虧我國小還是田徑隊），更何況要跑10公里，於是我心裡想：「我大腹便便，腦滿腸肥的身材，怎麼可能完成得了？」但我朋友回答我：「你會游泳代表不會沉下去，很久沒游，就去游泳池練一練就好了。你會騎車，只要腳踩一踩踏板，一下子就到了。至於跑步也沒有那麼困難。你只要游泳能上岸，騎車腳不要停，走快一點也就到了！而且整個比賽總共有3個小時又40分的時間，這樣你還擔心不能完成嗎！」

　　聽完我朋友的話，我想一想：當時在河濱騎車的時候，在微風栩栩清風拂面的狀況下輕輕鬆鬆地也能騎個3～4小時，因此我應該還可以勝任。於是經過他的簡單解說，以及在我簡單的

用運動事業開創新人生──林裕翔

影響自己最重要的一句話

追求卓越，先求有求好。

思考邏輯之下，終於報名了我人生中第一場鐵人三項。

接下來的日子裡，我無所事事的日子終於有了目標，在一邊練習游泳、騎車、跑步，一邊吃著火鍋、唱著歌的訓練日子裡，我的朋友又跟我說：「既然你都報名了也開始訓練了，更要了解轉換這件事情的重要性，不然你會很容易爆掉。」當時我聽到「爆掉」這二個字，從字面上來解釋跟思考，「爆掉」不就是不能完賽了！！！我心想：我都報了名，我也花了錢跟時間來練習，怎麼可以讓爆掉這種事發生呢！

因此我就開始到處問人，到處找資料，而且參加由中華民國鐵人三項協會（CTTA）所舉辦的專業裁判與教練的訓練講習課程，並且在這些年，我又陸陸續續取得鐵人三項的教練與A級裁判，以及國際鐵人三項聯盟（英文為「International Triathlon Union」，簡稱「ITU」）國際裁判資格。在這件事中給我的啟發就是：設定目標之後，要不斷地透過知識學習與技巧訓練，不能讓自己「爆掉」或「因故放棄」，才有可能會完成目標。

用鐵人三項來訂定目標，獨力完成挑戰

我在此也簡單的介紹一下鐵人三項運動。

鐵人三項運動最早的原意及核心價值就是「訂定目標，獨力完成挑戰」。而鐵人三項是由三項不同的運動組成的比賽，通常是由游泳＋騎自行車＋跑步三種不同的運動依順序組合成的一個運動項目。參加這個比賽的人需要一個人連續完成三個運動項目。而競賽中單項運動到下個運動所使用的時間稱為「轉換時間」，用以更換下個運動所需要的衣物及裝備；而轉換時間也計算在比賽時間內，用來換裝的地方就稱為「轉換區」。整個鐵人三項競賽除了大會及補給站工作人員所提供的食物與飲料之外，比賽中的參賽者是不得接受場內與場外人士所提供的任何協助。

影響自己最重要的一句話

**找出自己擁有的特質改善並加強，
就會變成自己獨有的特色。**

另外，由於是個人運動，因此在比賽中也禁止團體使用隊伍戰術，也就是說不能夠用組隊方式運用輪車來「破風」。這邊簡單說明一下「破風」，看過彭于晏所主演的電影《破風》都知道，指的不是輪胎的消氣漏風，破風目的就是要讓隊伍中的人輪流擔任破風手，可以讓隊友在競賽時減少阻力跟保持體力。不過，這些年有越來越多的鐵人三項運動愛好者加入，所以國際鐵人三項聯盟（ITU）與國際奧林匹克委員會（簡稱「國際奧委會」，IOC）為了配合自行車聯盟的規則，在參加上列兩個單位所舉辦的賽事時，是可以使用自行車的項目輪流破風。

　　而參加鐵人三項的重點：就是要會游泳、騎車、跑步，如果只會兩項那就可以選擇參加鐵人兩項，一樣可以享受的比賽中不同運動轉換的樂趣。並有計劃的鍛鍊體能技巧與耐力，鍛鍊獨立完成

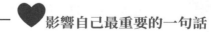

影響自己最重要的一句話

鐵人三項能有計劃的鍛鍊體能技巧與耐力，
鍛鍊獨立完成比賽的意志力。

比賽的意志力，參加者要遵守規則：游泳要戴帽子、騎車要戴安全帽、跑步要穿上衣，如此簡單且合理的規則，還是有人會不願意遵守。

　　鐵人三項屬於耐力運動與有氧運動，因此與單項運動相比之下，鐵人三項的運動更可以得到全面的體能與肌肉平衡發展，最重要的是訓練好你身體的核心，才能在各項均衡發展，找出自己的核心並且加強努力的鍛鍊，它就會成為你的技能與優勢。

首創結合鐵馬、山城的自行車系列活動的３亮點

　　就是因為這樣，因此當我從自行車貿易商，再到運動用品代理，然後轉換跑道到現在的運動賽事承辦單位，我選擇能結合鐵馬、山城的自行車系列活動，這是因為我看到這系列活動的３大特色亮點。

 影響自己最重要的一句話

**保持好奇心不斷的學習，才能讓自己
更有解決問題的能力和方法。**

Life 08

用運動事業開創新人生——林裕翔

亮點1／結合鐵馬驛站，滿足同好交流：稱為「驛站」是古代提供人與馬休息，傳遞訊息及物資之處。在活動賽事中，我將驛站的元素放入，也是希望能夠提供給參加活動的同好們休息、聊天交流、分享經驗的一個場所，也希望透過這樣的服務，讓來參加活動的人可以安心的放鬆欣賞與日常生活不一樣當地的風土美景。

　　亮點2／奉茶的精神文化：古代的奉茶文化又稱「施茶」，源自於佛教的布施。聽說在唐朝，藉由一杯茶水讓供水者跟喝水的人中間有了緣分的連結，也代表了人情味的溫暖傳遞，因此有「施茶結緣、普結良緣、廣結善緣」的說法。而且奉茶裡有幾種含義：像是傳遞人情味、關懷與感恩，也為台灣在推行環保減塑的同時，為自己解渴，讓心裡有溫度，本次就是用北埔最有名的膨風茶，以結合在地特產。

 影響自己最重要的一句話

「戲棚下站久就是你的。」只要你是千里馬，
就不用擔心遇不到懂得欣賞你的伯樂！

奉茶，其實在生活中都可以看得到，但運用在商業行銷上，最廣為人知的就是位在彰化八卦山上的「微熱山丘」，在等待選購產品時，服務員奉上一杯溫熱的奉茶傳遞溫暖。另一個用在行銷上最有名的案子，就是臺東池上的金城武樹，還記得電視廣告畫面中，金城武把腳踏車停好，坐在一顆茄冬樹下乘涼躲太陽，旁邊就有一壺奉茶。而這樣的廣告為台東池上帶來一年約台幣50億元的觀光產值。

亮點３／取之斯，用之斯：我會提撥賽事報名費的一部分，用以活動在地化的地方回饋，用小錢拋磚引玉，發起並創造良緣的結緣金，以廣招企業機關共同響應公益與地方弱勢的回饋，例如：替老人送餐以及幫助偏鄉兒童教育及學習提升，因此大大鼓勵參加活動者，只要運動，就可以得到健康之外，還可以做公益。像是，我們在2020年11月28日所舉辦的「鐵馬山城印象北埔」自行車活動中，漢民科技的零角仔基金會與北埔兒少福利協會的合作，就是最好的例子。

下定決心，邁向卓越

如今我又重新出發在創業的道路上，希望能夠透過動賽事及課程，協助人們培養良好的運動習慣，擁有健康的身體，才能更從容的去面對各式各樣的人生挑戰。我也知道只要保持謙虛的態度，會得到更多的機會。

期盼這顆良善的種子最終能孕育出美麗的花朵，遍開各地。

啟動卓越人生

Life 08

用運動事業開創新人生──林裕翔

卓越全球國際系統創辦人　陳心琳

有愛就富裕
你會興盛繁榮

成人達己：幫助別人，成就自己！

關於　陳心琳

個人簡介 》》
三歲父親經商失敗，家道中落，一夕之間人生從公主變成灰姑娘。面對驟變的環境，親友的嘲諷，陳心琳雖然在逆境中成長，但從小就立志一定要改變家族命運。
職場生涯的過程中雖然非常的努力，但距離陳心琳的目標理想還是很遙遠，直到 **40** 歲遇到人生伴侶林靖瑞，兩人共同歷經創業失利的巨大挑戰，跌倒了重新站起來，終於在國際電商平台，幸運的遇到人生導師，同時改變家族三代命運。
懷抱著感恩的心情，陳心琳夫妻希望將這些年翻轉人生的成功關鍵發現，與有緣的朋友分享，期許同樣熱愛直銷領域的朋友，更快樂順利地得到理想的結果，一起創造更有品格的直銷大環境。

經歷 》》
國際扶輪社友
卓越領袖學院創辦人
卓越全球國際系統創辦人
國際連鎖加盟創業輔導師
宇騰科技股份有限公司執行總監

媒體報導 》》
理財周刊專訪、中天「點亮新台灣」節目專訪、東森「遇見大人物」節目專訪、馬來西亞
CITY PLUS FM 電台專訪

著作 》》
《愛的成功學》

如果你所想的都會實現，你有什麼夢想？

因為成長過程的辛苦，從小到大我非常渴望成功。很幸運的，長大之後的我很熱愛工作，無論是什麼樣的職務，我都全力以赴，希望做到最好，我想在我的內心還是抱著改變家族命運的夢想。但，這個是我想要的人生嗎？

人生中的第一個夢想

有一天我突然回想起，我的人生中的第一個夢想。還記得大約在3歲時，白手起家的爸爸經商失敗，公司不但破產，還積欠了許多債務，我們也不得不從市區美麗的洋房，搬回了鄉下老家的土磚房。

那時才3歲的我，對於物質生活的改變並沒有很大的印象與痛苦。但很特別的，對於債主上門討債，與親戚之間的冷嘲熱諷，記憶卻非常深刻。深夜裡媽媽默默哭泣的背影，被人嘲笑欺負的眼淚，讓當時年幼的我，在心中默默的立下了人生的第一個夢想：長大之後，我一定要賺很多很多的錢，孝順父母。

然而，時光飛逝，歲月如梭，一直到了30好幾歲，我還是一個替大企業賺錢的高級上班族，雖然領著不錯水平的薪水，但我心裡很清楚，這樣根本無法改變命運。加上傳統上班族的環境，當你愈努力表現愈好，同儕的競爭敵意愈多，年復一年日複一日重複的生活，小時候的夢想也早已鎖在抽屜裡不敢回想。

難道我要在這小小的辦公室的隔間裡，就這樣過了一生？

這是我想要的人生嗎？

不，我要改變！！

終於我鼓起了勇氣，離開了安逸的高級上班族的生活，開始挑戰業務性質的工作。我驚訝的發現，業務工作雖然有壓力，但是接觸的層面變多了：我變得喜歡分享、銷售，我關心人群。更

影響自己最重要的一句話

改變，是最好的名片！！

奇妙的是，我還發現直銷的產品特別吸引我，無論
是日常生活用品、健康產品、保養品我都喜歡，甚
至還曾經加入當時很流行的雅芳小姐的行列。

我好喜歡直銷，我好想進入這個產業。

我的心中產生了這樣的念頭，於是就這樣，我
和先生當時雖然還不認識，但不約而同都在人生的
30歲階段接觸到直銷，從此在這個領域中成長，直
至目前仍充滿熱情的，挑戰攀登人生的巔峰。我們
不僅熱愛直銷，也由衷的感恩這個行業所帶給我們
的一切。

你所想的都會實現。

非常感恩透過直銷平台，不僅實現了我兒時的
夢想，翻轉了人生，同時改變了家族三代的命運。
在助人的同時，成就自己，這是一個平凡卻偉大的
事業，我們夫妻在此受益，鼓勵大家要勇敢夢想，
這也是我立志與世界分享的初心與原動力。

直銷成功之鑰

我們人生的第一桶金，創業失利後再爬起來的

救火雲梯，到現在改變我們家族三代人生活與命運的這一切，都是直銷給我們的，直銷對我們夫妻而言，有著特別的意義。主要原因有兩個：

第一：每一個人的出生背景環境不同，很多人都有理想夢想，有許多想做的事，但卻被自己人生種種所限制：金錢的限制（沒有錢）、時間的限制（沒有時間）、思維的限制（我不能）。

在我們心中，直銷是一個人人可為，可以真正改變人生的機會。在這個領域，沒有人會在意你來自什麼家庭？父母背景？學歷經歷？過去發生了什麼事？只要你願意，一個小小的投入成本，每個人都可以在同樣的起跑點開始，結果完全取決於你的選擇與努力。對我們而言，直銷無疑的是最公平的行業。這也是為什麼，我們除了感謝之外，會一直不斷的分享給全世界有緣的，需要多一個機會的朋友的原因。

Life 09

有愛就富裕，你會興盛繁榮——陳心琳

影響自己最重要的一句話

勇敢夢想，努力實踐，你所想的都會成真。

第二：大多數的人一生追求兩件事——財富與健康。當我們年輕的時候，用健康換財富；等到我們年長了，是否賺到了錢不一定，但卻無一例外的，必須用財富換健康。人人想改變生命，過更好的生活，但如果你不是含著金湯匙出身，也沒有足夠創業的資金，如何做到呢？

　　我認為現在的我們，生長在一個最美好的年代。過去沒有互聯網，很難實現全球發展的夢想。但現在憑藉著一支手機，就可以做全世界的生意，充分地做到最大化的時間槓桿，也造就了更多的機會，所以我們這時代真的太幸運了，希望所有的朋友，尤其年輕世代們，好好把握這個優勢。

　　那麼，什麼是直銷呢？

　　確實，無論在哪個國家區域，有很多人對直銷事業持保留的看法。對我而言，直銷是什麼呢？一般來說，當我們要購買任何的商品，大多是到店裡消費，無論是實體還是線上店鋪。事實上一般消費者所購買到的，都已經是經過層層分銷、分潤的商品，也就是最末端的產品。終端消費者的取得價格高，這很正常，因為在層層分銷的結構中的每一個人都付出了時間、勞力等，理當有合理的利潤報

酬。

　而所謂的直銷，是透過專門的經銷商（統稱為：直銷商），直接分享給消費者，省去了這當中層層的分銷成本，當然直銷公司就把這些產品的分潤，給到負責分享分銷出去的經營者，其實直銷就是這麼單純，它只是一個商業模式。

　但過去，由於直銷領域的零門檻（人人可為），加入參與經營沒有任何限制，導致有許多人以不正確的方式經營直銷，也因此造成市場上對直銷的諸多誤解。其實理解起來，直銷只是一個單純的商業模式而已。

　在直銷裡面可以大致分為兩種人：一是消費者，二是經營者。其實直銷公司非常歡迎也需要消費者，尤其是單純的愛用者。這些年透過觀察我發現，能在直銷平台銷售的產品，都有一定的品質，甚至可以說非常獨特優質。如果產品不夠特別，是無法在這個領域裡面長久發展的，我想

Life 09

有愛就富裕，你會興盛繁榮──陳心琳

影響自己最重要的一句話

專注，一心一意，做好一事。

這也是我特別喜歡直銷產品的原因。

對於消費者來說，沒有什麼壓力，只是換個品牌，開心的用產品就好了。關於經營者，當你評估公司、產品、制度後，發覺這確實是你想要的，決定經營，那麼你自己就是這個事業的老闆。此時，心態的定位：「做一個老闆而不是打工仔」，這是非常重要的。

決定前謹慎評估，決定後全力以赴

雖然「老闆心態」很好理解，大家也經常提起，可是真的懂得，並且做到的人並不多。我和先生在這個行業15年來，很幸運的有一些小小的成果，我們發現了在直銷領域得到結果的「成功之鑰」，在此誠摯的與大家分享，希望大家都能在這條道路上，更加愉快且順利地發展。

首先，選擇一個行業，其實就某種層面而言，就像選擇一段感情、一段關係。我建議在選擇時：停、看、聽。做決定前謹慎評估，公司、產品、制度模式，甚至是經營者，老闆的理念核心、企業文化？這是公司面一定要謹慎評估的。而同時，合作的團隊在直銷領域也是至關重要的一環，強烈建議

評估你的合作夥伴、團隊領導人、團隊，是否是你想要的合作對象。在決定前審慎評估，在加入後全力以赴，因為在這裡，人人是自己的老闆。

如果你投資了大錢，花了時間，盡了一切的努力創業，你會三天曬網兩天捕魚嗎？我想不會！所以當你決定開始之後，心態非常重要，就像我們愛一個人一樣，要嘛就愛到老愛到死，要嘛就不愛，乾淨俐落的分手。做事業要成功也是如此，要嘛就全力以赴，拼了！如果真的覺得不適合，就乾脆結束；最怕的就是三心二意，每天努力的在雞蛋裡挑骨頭，找麻煩。千萬不要猶豫不決，因為一腳踩煞車，一腳踩油門，其實是最消耗能量的。

為什麼我特別提出請大家在加入前謹慎，決定後反而不要再想太多？因為很可愛又有趣的現象，大多數人是相反的。加入時衝動，認為「

Life 09

有愛就富裕，你會興盛繁榮——陳心琳

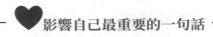
影響自己最重要的一句話

**擇你所愛，愛你所擇；
決定前謹慎評估，決定後全力以赴。**

他可以，我也一定可以」，但真的進門了，反而告訴自己很多的「不可能」，或「我做不到」。在愛與不愛中徘徊，每天用放大鏡，不斷地在公司、產品、制度、模式、推薦人、團隊中找自己無法達到目標的原因理由。其實沒有任何一家企業、任何一個工作、一段關係，是百分百完美的。

擇你所愛，愛你所擇。
事前好好評估，事後全力以赴。

這是我給所有直銷人的建議。

堅持良好品格，做正確的事情

第二：**堅持品格**。從小父母跟老師就教育我們，不能做壞事、不能傷害人、不要亂丟垃圾、不可以闖紅燈，當然不可以偷別人的東西……，這些道理大家都知道。**可是，在我們的人生過程中，每個人一定都曾經做錯過事**。你捫心自問自己：有沒有闖過紅燈？有沒有亂丟過垃圾？有沒有賺過不義之財？有沒有傷害另一個人的經驗？……

在這個世界上沒有一個人是沒有犯過錯的。很

幸運的是我在的這幾年，透過心靈成長，探尋自己的過程中發現：為什麼在人生中，有時會遭遇卡點不順利？經由學習，我們體會到：

**　　其實有很多的事情，都不是因為現在當下這件事情讓我們卡住，這個卡點的起因，經常是過去的某件事，甚至是年幼年輕的時候，曾經的我們做過的一個非品格的事情，它在心理層面卡住了我們，但我們並不自知。**

Life 09

有愛就富裕，你會興盛繁榮——陳心琳

　　在此分享一個小故事：
　　小花跟小美是班上的閨蜜，經常一起討論功課、逛書局，每天碰面回家後還要通上好久電話，感情非常的好。
　　某一天小花到小美家玩，小花把媽媽剛買送她心愛的筆，不小心掉在小美家了，回家之後遍尋不著，很心急的詢問了小美：「小美，趕緊幫

影響自己最重要的一句話

自由，是屬於誠實、勇敢的人。

我找找，我的筆有掉在妳家嗎？」

　　結果小美真的在房間的地上，找到小花媽媽送她的那隻派克（Parker）名筆。看著手上這支精美的名筆，小美也好想要，但爸媽根本不可能送她這麼貴的筆。這時她的心理浮現：

　　「反正小花家那麼有錢，她媽媽一定還會再買一支筆給她。」或「誰叫小花要那麼不小心，是她自己掉的，又不是我偷的。」

　　於是，小美在心裡給了自己很多占據這隻筆的理由，所以她回覆了小花說：「親愛的小花，我真的找遍了，可是都沒有找到，我想一定是掉在別的地方了。明天我再陪妳到教室找找。」

　　雖然占據了這支派克筆（Parker），但小美根本不敢拿這隻筆出來用，只敢放在家裡寫。甚至因為心裡的不安，她愈來愈不敢靠近小花，不但跟她距離愈來愈遠，而且還找了很多藉口理由跟同學批評小花……。

　　兩個原本很好的朋友，在小花根本就不明白的情形下，交惡了。

　　這件事情經過了好久，從中學時代到小美長大成人，成為一個很優秀的業務員。某一天當她

拜訪一個跟她年齡相近的新客戶，看起來條件就很好的一個美女，原本相談甚歡，突然這位美女客戶拿出跟當年小花那隻一模一樣的派克筆（Parker），霎那間小美就像被電到一樣，呆滯了一下……。

接下來，她感到愈來愈不安，思緒混亂，也不想跟這位美女客戶溝通下去，很想趕快離開，其實當天就可以簽下的這個訂單，小美也不想要了。

我想你們都知道發生了什麼事？這位美女，根本不是當年的小花，但是這隻一模一樣的筆，提醒了小美自己當年做過的錯事。雖然事過境遷許多年，但小美的內心從來沒有忘記過，也因為這件事，影響了小美的這個合約。

這就是一個過去非品格事件，影響現在時刻的例子。不要小看這樣的問題，其實在我們的人生當中，竟然有75%的時間，被過去的事件所影

Life 09

有愛就富裕，你會興盛繁榮──陳心琳

影響自己最重要的一句話

品格，是邁向興盛繁榮的唯一途徑。

響而不自知。

　　愈多的非品格，就會產生愈多的卡點。因此，這也讓我深刻的體會到：

　　竭盡所能的去做更多堅持品格且正確的事情很重要，我們的人生才會往更好的方向邁進。

　　如果我在更早的時候，深刻明瞭品格是如此重要，我一定會非常重視，更早地成為一個落實品格的人，我相信我的人生一定會更快樂更順利。

　　堅持品格非常重要的。「品格」或許聽起來很嚴肅，在此我想分享的其實很簡單，就是盡可能的去做對的事。

　　因為「品格」是邁向興盛繁榮的唯一途徑。

一心一意，做好一事的重要性

　　第三：專注。專注這件事情太重要了。這些年來，我們在這行業裡遇到了許多想要改變生活生命的人，透過分享參與了直銷事業，可是過一陣子之後，開始著眼在問題與困難點，於是給自己合理

的理由腳踏兩條船，身上同時有好幾個項目。跟朋友分享時，介紹了一個A產品，朋友沒有馬上加入，立即拿出另一個項目B分享。亦或是檯面上在A公司發展，因而結識了A公司的其他旁線人脈，再隱瞞著團隊，私下跟這些對象分享B項目。

　　類似這樣的故事，一直重複上演。我們發現，在這個領域裡一心二用，同時代言超過一家產品而成功的例子並不多，反而看到許多影響了自己聲譽，傷了人脈的情形，尤其是碰觸了不該碰觸的資金盤。

　　這個也好比感情，想想我們身邊有沒有三天兩頭就換對象，或是拈花惹草，亦或是腳踏兩條船的朋友？問問你自己：你對這樣的朋友感覺如何？可以信賴嗎？如此精彩的感情生活有可能真的幸福美滿嗎？

Life 09

有愛就富裕，你會興盛繁榮──陳心琳

─────── 影響自己最重要的一句話 ───────

專注的力量，巨大無比。

無論是感情或是事業上的不專一，都不可能做得好。我們這些年來真的深刻體驗到：「一心一意，做好一事」的重要性。

　　其實我覺得在這裡要有點阿甘精神，當我們認定了之後就是一心一意做好這件事。不例外的，我們在發展事業的過程中，也曾經歷許多挑戰，但當迷惘困惑時，真的非常感恩總是有貴人相助指點，其中的關鍵重點就是：專注。

　　在發展的過程中，我們也好幾度面臨挑戰，在徬徨低谷時，我們回到初衷省思調整，打斷手骨再重來，重新培訓團隊基本功。在這個調整練功的過程中，我跟另一半真的就有點像傻子一樣，認定我們的選擇，我們就一心一意幹好這件事，也因此發現專注的力量，巨大無比！

　　另外為什麼要專注呢？就如同我們舉感情的例子，想像一個用情不專、遊戲人間的人，他的人品及口碑都將嚴重受到影響。同樣的，事業也是一樣，如果面對事業同樣用情不專，經常轉換，如何獲得公信力？

　　我曾經看到很多有影響力、有領導力、能感召朋友的人，當他決定要做A公司，就說服朋友都加

入 A 公司。但可能過不到半年，因為個人利益考量，他又想轉換到新開的 B 公司，於是他又請朋友跟著他重新加入，一盤接一盤，一個項目換一個項目，夥伴只是重複的投入成本與夢想。

如此經常換跑道，只想自己的利益而非夥伴，結果會是如何？到最後跟隨者注定愈來愈少。我想這都不是我們想要的結果，因此「專注」真的很重要。

發自內心的幫助，強化分享及行動的力量

第四：**用心經營。**直銷的本質，就是分享與助人。當你心無旁鶩，單純的抱著你想幫助身邊的人成功的這個想法去行動，在幫助他人成功的同時，自己獲得更大的成功，這是不是一件非常美好的事呢？

我發現無論在各行各業，抱持如此心態做事的人更容易成功，尤其直銷就是人的事業，在這

影響自己最重要的一句話

當你真心替他人著想，意想不到你會得到更多更多。

裡一定要打開心房，只有你真心用心去待人助人，你才有可能在這個領域拿到你想要的結果。

　　無論分享事業機會，或協助輔導夥伴，都必須站在對方的立場著想，例如：他為什麼需要這個機會？如果我們一起合作，對他有什麼好處？

　　當你的出發點是發自內心的幫助，你將發現無論行動力與你分享的力量都會大增，因為你清晰的知道你在做一件真心對朋友好的事。

緊跟團隊＋配合系統學習＝成功方程式

　　第五：團隊合作（Team Work）。世界上沒有一個人可以獨自成功，所有的事情的完成，都是集合眾人的力量而成，所以無論在任何行業，「團隊合作」非常重要，而直銷行業尤其是。

　　經營直銷，如果單打獨鬥沒有團隊，總是一個

影響自己最重要的一句話

**團隊是一群有相近思維，相同目標，
一起達成理想的人。**

人作業，你的朋友看到的就是你一個人。或許你們從小一起長大，對過去的你，再也熟悉不過。現在的你明明跟他分享一個無敵的商機，但無論你再如何興奮，在老朋友的眼中，可能還是他記憶中那個凡事總是三分鐘熱度，從來沒有成功經驗的你，他真的很難相信，當然更難決定跟你一起打拼。

　　所謂的團隊，是一群有相近思維，共同目標，一起達成理想的人。當你借團隊的力，例如：OPP會場（指opportunity事業說明會）或團隊活動等等，藉由領導的力量，例如：ABC、請領導協談分享事業機會等等。這時你的朋友看到的就不只是你一個人，而是一群人、一個團隊；更棒的是，藉由大A(成功老師)的見證分享，有證明就無須多做說明，借力使力不費力，更容易邀請成功！

**　　因此緊跟團隊，絕對配合系統學習，是直銷成功至關重要的一把鑰匙。**

有愛就富裕，你會興盛繁榮——陳心琳

跟著成功且三觀相近的老師學習

　　第六：複製。這些年我們經常聽到一個口號：「跟成功的老師學習」。這句話聽起來非常有道理，但近年來我有更深刻的體會，建議微調成：「跟著成功且與你三觀相近的老師學習！」更符合現實。

　　三觀是指世界觀、價值觀、人生觀，因此三觀相近是非常重要的。一個人的成功，有時是天時、地利、人和的完美結合。「時空」，也就是英文的「Timing」，時空背景時間點非常重要。有時就像內地朋友們所說：浪頭風口上的豬也會飛，時勢確實可以造出英雄，但唯有良善的出發點，堅持不懈的行動，與擁有正確三觀的成功，才能恆大久遠。

　　人生最大的悲哀，是以不正確的方式獲得成功，從此無法自知自省。保持正確三觀，堅持品格的成功，才能經得起考驗。即使遇到困難挑戰，反而愈醇愈香，匯聚更多認同，真心追隨的鐵桿人才。

　　那麼如何複製？又該複製到什麼程度？

　　好比你的標竿老師，他現在的收入水平來到月

入300萬台幣，如果你認同他，並且選擇了他為學習標竿，在還沒有拿到跟老師一樣的結果之前，就應該100%複製學習，而不是像大多數的人「聽話」照做（指聽老師的話，照著自己的意思做；也就是說老師今天講了這個，認同我就做，不認同就不做，選擇性地相信）。要明白每個人的結果本來就不會相同，無論是天地人的條件，跟每個人的付出努力，都不可能一樣，今天就算100％學習，都不一定可以得到100％的結果，更何況如果你是選擇性的學習。

因此我建議：在你還沒有拿到你所學習的這個老師的結果之前，100％的複製學習，一直到你超越（代表你已經青出藍勝於藍），才有資格獨立自立門戶，自創系統。

Life 09

有愛就富裕，你會興盛繁榮——陳心琳

影響自己最重要的一句話

**當你設定了一個目標，從此每天該做的事，
就是筆直的往這個目標前進。**

堅持，絕對是成功的關鍵

第七：堅持。其實這也是靜下心來回想，如果說截至目前為止我們在行業中有點小成績，最主要的原因之一，就是堅持。

我們是很平凡的一對夫妻，非常幸運的，身邊許多的夥伴能力都比我們強。如果要說我們有什麼優點，我想除了我們夫妻倆個性互補之外，堅持是我們共同的特性。當我們認定了一個目標，就傻傻的勇往直前。

我個人很喜歡喬‧吉拉德的勵志故事，雖然似乎因為他目標導向，業績至上的個性，在同事間的人緣並不好，但喬‧吉拉德對於目標的分享，非常激勵我，他曾經說道：「當你設定了一個目標，從此每天該做的事，就是筆直的往這個目標前進。」今天走了1公尺，明天早上起來繼續接下去走下1公尺，在這個過程中，「目標」才是你唯一需要關注

影響自己最重要的一句話

堅持一個目標，就傻傻的勇往直前。

的，其他旁騖干擾你的，都是可怕的魔鬼，應該遠離。

這幾年來，我們夫妻倆除了家庭生活，就是直銷事業，與進修學習。雖然我們投入了全部的時間與心血，但我們真心覺得快樂：

因為這不只是我們想要的，而且是一定要得到的目標，所以堅持。

堅持，絕對是成功的關鍵！

只有加大格局與心量，才能創造更大的版圖

最後一點，是在我們的人生導師，也是事業貴人兩位總裁——王總及左總身上，深刻體會到的就是：格局與心量。這些年我們很幸運的在各地結識了許多能力出眾的朋友，無論是專業能力、口才、思維邏輯的都特別的突出，但為什麼還沒有在組織行銷裡，得到巨大的結果？

我經常思考：如果哪裡更好，結果會不會有所不同？我很認真的觀察，結果在我們的總裁身上看到了關鍵差異，也就是：**格局跟心量**。我發現：看待事情，**你的心多寬、量多大，你的版圖**

就有多大。

　　學習一門技能不困難，但要學習一個人的格局與心量，說實在的沒那麼簡單。多少次當我們徬徨茫然時，總裁告訴我們要專注，目標清晰不受干擾。遇到挑戰爭議，不需要多去爭論說明什麼，持續的做對的事，總有一天這個世界會明白。

　　因為，人們不會聽你說了什麼？而是看你做了什麼！

　　總裁以30年專業的行業經驗，引領我們前進國際市場。當我們想法受到限制，思緒受到外界干擾時，總裁提醒我們跳脫島國思維，站在世界的角度，更宏觀地思考。在事業發展的過程中，兩位總裁如一盞明燈給我們指引方向，我們真的非常幸運，在直銷這條路上，不僅有福報的遇到了改變一

 影響自己最重要的一句話

團隊合作，創造借力使力不費力的成就。

生的事業機會，竟然還有機緣遇到生命的貴人。透過他們的身教言教，走在正確的行業道路上。在這個平台，在這裡，我們得以在幫助更多人成功的同時，成就自己，真的萬分感恩。

　　在直銷領域，夥伴決定加入的開始，就是我們彼此間相互承諾的開始。當你選擇了卓越團隊，決定要改變人生，你承諾了要全力以赴，我也承諾我會全力幫助。夥伴是我們在這條路上的家人，我們互相學習成長，並肩作戰。夥伴是家人，不是資產，夥伴更不是可以用來利用運用的籌碼。　永遠站在夥伴的利益上著想，如果有任何一件事情關乎到你跟夥伴的利益，一定以夥伴的利益為優先考量。

　　這個行業最可愛的地方就是：

**　　真心替他人著想，意想不到你會得到更多更多。所以這是我給想經營這個行業的人的真心建議、肺腑之言，這也是組織行銷多年來的深刻體悟。**

　　以上幾點，是我們一路走來的收穫心得，希

有愛就富裕，你會興盛繁榮──陳心琳

望能分享給想要在直銷行業成功的朋友。

分享與感恩，啟動卓越人生

最後，我非常感恩，也深刻體會感恩的巨大力量。每一個人能走到今天，都是背後無數人的默默支持。

感謝父母恩，給了我生命；感恩兩位總裁，如一盞明燈，指引我們正道之路；感恩我的先生，開啟了我人生的新頁；感恩我的孩子，來到我的生命中，更加圓滿了我的人生；感恩我的姊姊家人，幫忙我照顧家庭，讓我沒有後顧之憂；感恩事業夥伴，互為人生貴人，一起攀向人生高峰；感恩一路上給我們困難挑戰的人，是你們讓我們更加茁壯。

最後特別感恩卓天仁老師協助我們完成這個對我們幾位來說都別具意義的紀錄，希望所有正在閱讀這本書的你們，都能從我們的人生故事中，得到啟發與收穫。

我是心琳，讓我們一起啟動卓越人生。

有愛就富裕，你會興盛繁榮！

啟動卓越人生

Life 09

有愛就富裕，你會興盛繁榮——陳心琳

你一個人來
我們給你一個團隊

關於 卓越全球國際系統

在組織行銷領域，除了公司產品模式，選擇一個有系統的團隊是最重要的。許多人抱著夢想前來，卻連如何開始都沒有方向。沒有正確的方法，面臨挑戰，最後帶著錯誤的印象離開。

卓越全球國際系統，由市場行銷超過20年的林靖瑞、陳心琳夫妻創辦，匯聚各方人才團隊合作，共同打造出落實品格，紮實培訓的組織行銷系統，朝著共同的理想目標前進。

卓越全球國際系統，讓你麵粉進來，蛋糕出去，新手也可以變達人！

只要願意學習，你一個人來，我們給你一個團隊，幫助你在這裡一起實現人生的夢想。

有愛就富裕，你會興盛繁榮。

卓越核心價值文化

定義：建立標竿，成為典範，勇於追求自己的目標，使之實現，稱之為卓越。

價值：品格、熱忱、正向、友愛

願景：健康、事業、財富、成就，全方位擴展的豐盛人生。

口號：有愛就富裕，你會興盛繁榮

當我們真心協助他人，祝福他人，一指對外四指對內，你所給出的，都會加倍的迎向自己。

啟動卓越人生

啟動卓越人生

你一個人來，我們給你一個團隊

卓越人生的十個感動
——10 位人生導航教練 X 影響人生至深的 100 句名言

統籌／卓天仁
總召集／林靖瑞
作者／郭語慈、謝兆豐、詹佳誠、蔡英杰、牟伯鴻、阮侑宸、郭詩銘、林裕翔、陳心琳
封面設計／許國展
美術編輯／廖又頤
執行編輯／魏賓千
企畫選書人／賈俊國

總編輯／賈俊國
副總編輯／蘇士尹
編輯／高懿萩
行銷企畫／張莉滎、蕭羽猜
發行人／何飛鵬

出版／布克文化出版事業部
台北市民生東路二段 141 號 8 樓
電話：02-2500-7008
傳真：02-2502-7676
Email：sbooker.service@cite.com.tw

發行／英屬蓋曼群島商家庭傳媒股份有限公司城邦分公司
台北市中山區民生東路二段 141 號 2 樓
書虫客服服務專線：02-25007718；25007719
24 小時傳真專線：02-25001990；25001991
劃撥帳號：19863813；戶名：書虫股份有限公司
讀者服務信箱：service@readingclub.com.tw

香港發行所／城邦(香港)出版集團有限公司
香港灣仔駱克道 193 號東超商業中心 1 樓
電話：+86-2508-6231　傳真：+86-2578-9337
Email：hkcite@biznetvigator.com

馬新發行所／城邦(馬新)出版集團 Cite (M) Sdn.
Bhd.41, Jalan Radin Anum, Bandar Baru Sri Petaing, 57000 Kuala
Lumpur, Malaysia
電話：+603-9057-8822　傳真：+603-9057-6622
Email：cite@cite.com.my

印刷／韋懋實業有限公司
初版／2021 年 2 月
售價／新台幣 350 元
ISBN／978-986-5568-13-9